내 아이 미래를
디자인하는
엄마의 지혜

부모의 역할이 아이 잠재력을 깨운다

윤은주 지음

내 아이 미래를
디자인하는
엄마의 지혜

발 행 일	2025년 9월 24일
지 은 이	윤은주
편 집	권 혁
디 자 인	김현순
발 행 인	권경민
발 행 처	한국지식문화원

출판등록	제 2021-000105호 (2021년 05월 25일)
주 소	서울시 서초구 서운로13 중앙로얄빌딩 B126
대표전화	0507-1467-7884
홈페이지	www.kcbooks.org
이 메 일	admin@kcbooks.org
ISBN	979-11-7190-145-6

ⓒ 한국지식문화원 2025
본 책 내용의 전부 또는 일부를 재사용하려면
반드시 저작권자의 동의를 받으셔야 합니다.

내 아이 미래를
디자인하는

엄마의 지혜

부모의 역할이 아이 잠재력을 깨운다

윤은주
지음

32년 유아교육 현장에서 얻은 깊은 지혜와 경험을 담아, 아이의 기질과 가능성을
이해하고 부모가 최고의 선생님이 되는 길을 안내합니다. 아이와 함께 성장하는
따뜻한 여정을 시작하세요.

추천사

육아는 누구나 하는 일이라 말합니다.

그러나 그 '누구나' 속에는 언제나 포기하지 않는 사랑이 있고, 쉽지 않은 하루를 넘긴 사람들의 이야기가 숨어 있습니다.

한 아이의 잠든 얼굴을 보며 하루를 마무리하고 때로는 잘하고 있는 걸까? 라는 물음 앞에서 이 책은 아마도 누군가의 밤을 지켜줄 것입니다.

그리고 잠든 아이 옆에서 조용히 책을 펼쳐 든 부모에게 '당신 잘하고 있어요.'라는 따뜻한 속삭임이 될 것입니다. 오랜 시간 다듬고 꾹꾹 눌러쓴 이 한 권의 책 속에는 작가이기에 앞서 32년간 유아교육 현장에 몸담은 원장으로서 아이들과 함께했던 풍부한 경험과 지혜가 고스란히 담겨있었습니다.

한 사람의 성장은 또 다른 성장을 부릅니다. 『내 아이 미래를 디자인하는 엄마의 지혜』가 연수구의 많은 가정에 행복과 성장의 씨앗을 뿌리며, 우리의 한 걸음이 더 많은 따뜻한 발걸음으로 이어질 것임을 믿으며 이 귀한 책의 출간을 축하드립니다.

우리 연수구에서도 한 아이 그리고 한 가정의 평화와 행복을 위해 여러 가지 정책을 발굴하고 응원하기 위해 최선을 다하겠습니다.

이재호
연수구청장

『내 아이 미래를 디자인하는 엄마의 지혜』를 읽고

"자녀를 위한 부모의 뒷모습은 평생 아이의 가슴에 새겨지는 그림자"라는 말이 있습니다. 사랑하는 성도 여러분, 그리고 귀한 자녀를 양육하는 모든 부모님께

한민감리교회를 담임하는 이용선 목사입니다. 지난 27년간 한민감리교회에서 신실하게 신앙생활을 해온 윤은주 작가의 첫 책, 『내 아이 미래를 디자인하는 엄마의 지혜』의 출간 소식을 듣고 진심으로 기쁘고 감사한 마음을 금할 수 없었습니다. 이 책은 시대를 아우르는 부모님들의 지혜와 사랑이 담겨있다는 것을 확신합니다.

이 책은 단순히 자녀 교육의 기술적인 측면을 넘어, 하나님께서 우리에게 허락하신 가장 귀한 선물인 자녀를 어떻게 믿음 안에서 양육할 것인가에 대한 깊은 통찰과 사랑을 담고 있습니다. 프롤로그에서 작가님이 고백하셨듯이, 자녀를 얻기까지의 목숨 건 헌신과 그 모든 과정이 '하나님의 은혜이자 영광'임을 고백하는 믿음의 자세는 이 책의 모든 내용에 영적인 깊이를 더합니다. 잠언 22장 6절의 "마땅히 행할 길을 아이에게 가르치라 그리하면 늙어도 그것을 떠나지 아니하리라"라는 말씀처럼, 이 책은 자녀에게 올바른 길을 제시하고 평생 그 길을 잃지 않도록 돕는 지침서가 되어줄 것입니다.

그동안 유아교육 현장에서 쌓아온 전문성과 더불어, 어린 시절부터 몸소 체득한 삶의 지혜, 그리고 무엇보다 하나님 안에서 자녀를 향한 뜨거운 사랑과 기도로 이 책을 엮어 내셨습니다. '엄마'라는 이름의 숭고한 의미를 되새기고, 부모의 뒷모습이 아이에게 새겨지는 삶의 지혜를 강조하며, 부부의 사랑이 자녀에게 최고의 유산이 됨을 역설하는 부분들은 성경적 가르침과도 깊이 맞닿아 있습니다.

이 책은 우리 아이들이 급변하는 세상 속에서 흔들리지 않는 믿음의 뿌리를 내리고, 사랑과 지혜안에서 하나님의 형상대로 온전히 성장하도록 돕는 실제적인 지침서가 될 것입니다. 부모님들이 이 책을 통해 자녀의 잠재력을 발견하고, 가정을 믿음의 보금자리로 세워나가는 귀한 도구로 활용하시기를 간절히 축복합니다.

하나님께서 주신 귀한 사명인 자녀 양육에 대한 윤은주 작가의 헌신과 열정이 담긴 이 책이 많은 가정에 하나님의 사랑과 평안을 전하기를 소망하며 감사함으로 추천합니다.

이용선
한민감리교회 담임목사

하나님의 마음으로 아이를 품다.

*"아이의 삶에 영향을 준다는 것은
하나님의 마음을 만지는 일이다." - 익명 -*

"대한민국의 아이들이 아시아의 유대인으로 어느 곳에 가더라도 자신 안에 세계를 품고 살아갈 수 있는 힘을 갖도록 도와줍시다." 저자와의 첫 만남은 그렇게 인상적이었습니다. 다국어와 놀이를 활용하여 한국 아이들의 두뇌 개발에 전념해온 저에게 유아 시장에 입문할 기회와 응원과 격려를 해준 윤은주 작가의 말 그대로 유아교육에 미친 그리스도인이라고 생각합니다. 그것이 제가 추천사를 쓰게 된 계기이기도 합니다.

한 아이를 온전히 키우기 위해서는 한 가정만이 아닌, 한 공동체의 사랑과 헌신이 필요하다는 말을 다시금 떠올리게 됩니다. 이 책의 저자는 지난 32년간 그 사랑과 헌신의 중심에서 아이들과 부모님들을 향해 묵묵히 걸어온 교육자입니다. 삶의 가장 연약하고 순수한 시기를 살아가는 유아들에게 따뜻한 품이 되어주고, 때론 지친 부모의 마음을 위로하며 함께 길을 걸어온 그 여정은 그 자체로 하나님의 사랑을 실천하는 일이었습니다.

이 책은 단순한 유아교육서가 아닙니다. 한 사람의 삶이 담긴 간증이며, 기도와 눈물로 쌓아온 지혜의 결정체입니다. 아이의 기질과 발달을 깊이 이해하고, 부모가 아이의 첫 선생님으로 어떻게 살아가야 하는지를 세심하게 안내하는 이 책은, 지금 아이를 키우는 부모뿐 아니라 다음 세대를 준비하는 모든 이에게 꼭 필요한 나침반이 되어줄 것입니다.

사랑은 단지 감정이 아니라 행동이고, 선택이며, 인내입니다. 저자는 그 사랑을 32년 동안 아이 한 사람 한 사람에게 뿌리며 살아왔고, 그 열매들이 오늘 이 책 속에 가득 담겨있습니다. 하나님의 은혜를 고백하며 삶의 모든 순간을 감사로 채워온 저자의 이야기는 독자들의 마음에도 깊은 울림을 전할 것입니다.

이 책을 통해 많은 부모님들이 아이를 키우는 일이 얼마나 거룩한 사명인지 다시금 깨닫고, 그 사명을 기쁨으로 감당할 수 있는 믿음과 지혜를 얻게 되기를 간절히 기도합니다. 아이를 향한 하나님의 시선과, 그 사랑을 품은 부모의 시선이 맞닿을 때, 그곳에서 진정한 교육이 시작된다는 진리를 이 책은 따뜻하고도 분명하게 전해 줍니다.

세상의 인연은 많지만, 단순한 인연을 넘어, 하나님 안에서 맺어진 동행의 증거이며, 오랜 시간 믿음의 동역자로 살아온 한 교육자의 고백입니다. 주님의 은혜 안에서 다음 세대를 위한 귀한 씨앗을 뿌려 오신 저자께 깊은 존경과 감사를 드리며, 이 책이 가정과 교육현장에 귀한 빛이 되기를 축복합니다.

진기석
[다국어동시말하기 유대인을 넘다] 저자

[프롤로그]

아이를 낳아 키우는 일은 참으로 경이롭고도 때로는 막막하게 느껴지는 여정입니다. 이 작은 존재가 세상을 처음 마주하고 배우는 모든 순간들은 부모에게는 더없이 소중한 기회가 됩니다.

저 역시 어린 시절부터 삶의 작은 순간 속에서 배움과 책임감의 가치를 몸소 익히며 성장했습니다. 충남 세종시의 작은 시골 마을에서 5남매 중 둘째로 태어나, 어린 나이부터 부모님을 돕고 가족을 보살피며 삶의 지혜와 강인함을 배웠습니다. 특히 14살 어린 나이에 어머니를 대신해 일주일간 가족과 살림살이를 책임졌던 경험은 제 삶에 깊은 인상을 남겼습니다. 새벽 일찍 일어나 겨울 김장김치를 이용해 다양한 반찬을 만들어 가족 7명의 식사와 도시락을 준비하고, 고추모종 하우스를 돌보는 등, 그 모든 과정 속에서 저는 보살핌과 책임감의 진정한 의미를 깨달았습니다.

어린 시절의 경험은 훗날 제가 유아교육의 길을 걷는 데 있어 든든한 밑거름이 되어주었습니다. 아이들의 작은 손길 하나하나에 담긴 잠재력과, 그들이 세상을 배우는 방식에 대한 깊은 이해를 바탕으로, 삶의 동반자인 남편과 함께 37년간 인생을 나누고, 그중 32년을 오롯이 유아교육에 헌신해 왔습니다. 부족한 것도 많지만, 아이들을 향한 뜨거운 열정 하나로 시작한 유아교육은 수많은 아이들의 첫걸음을 함께하며 오늘에 이르렀습니다.

32년간의 유아교육 현장에서 아이들과 부모님들을 만나며 쌓아온 저의 모든 경험과 지혜를 담아낸 결과물입니다. 아이의 기질과 발달 단계를 이해하고, 아이가 가진 무한한 잠재력을 발견하며, 부모님 스스로가 아이의 가장 훌륭한 선생님이 될 수 있도록 돕는 실질적인 지침을 드리고자 합니다. 아이의 눈높이로 세상을 이해하고 부모님의 따뜻한 사랑과 지지가 아이의 삶에 어떤 긍정적인 영향을 미치는지 함께 고민하고 이야기 나누고 싶습니다.

  이 모든 과정이 하나님의 은혜이자 영광임을 고백하며, 언제나 저의 곁에서 믿고 지지해 주고 있는 남편과 부족한 엄마였음에도 건강하고 씩씩하게 잘 자라준 사랑하는 딸에게 진심으로 감사한 마음을 전합니다. 또한, 이화예능어린이집을 함께 일구어 온 모든 교직원 여러분의 헌신과 열정에도 깊이 감사를 드립니다.

  이 책을 통해 부모님들께서 아이와의 관계 속에서 진정한 행복을 찾고, 우리 아이들이 건강하고 밝게 성장하는 데 필요한 소중한 지침을 얻으시기를 간절히 소망합니다. 부모님께서 믿고 맡기시면 자녀의 꿈이 이루어지도록 최선을 다하겠습니다.

윤은주

TABLE OF
CONTENTS

1장.

엄마의 사랑 빛나는 아이의 첫걸음

1. 엄마라는 이름, 세상에서 가장 아름다운 선물 16
2. 엄마의 태교와 영향력 있는 아빠 21
3. 아이들과의 행복한 교감 28
4. 단단한 애착과 사회성 발달 33
5. 엄마의 미소가 아이의 세상을 밝힌다 41
6. 말의 힘, 아이의 미래를 바꾼다 47
7. 부모의 뒷모습, 아이에게 새겨지는 삶의 지혜 54
8. 유대인 교육에서 배우는 자녀의 자율성 존중 61

2장.

아이들의 눈으로 본 세상: 32년 교육현장의 지혜

1. 기본에 충실한 흔들리지 않는 뿌리 68
2. 꾸준함으로 아이의 좋은 습관을 디자인하다 74
3. 글자에 앞서 책과 친구가 되는 법 83
4. 다양한 언어의 날개, 아이의 세상을 넓힌다 90
5. 한자가 열어주는 문해력의 힘 95
6. 숲에서 배우는 아이들(자연이 주는 선물) 101
7. 감사 습관, 아이에게 주는 소중한 삶의 태도 108

3장.

아이의 창의성과 감성을 깨우다

1. 자유로운 낙서가 아이의 생각을 키우는 그림언어 116
2. 창의성은 다양한 경험에서 시작된다 122
3. 유아기는 모든 가능성이 펼쳐지는 황금기 129
4. 음악과 미술로 피어나는 아이의 감성 꽃 134
5. 예능 교육의 적기, 아이의 빛깔을 찾아주자 139
6. 삶을 풍요롭게 하는 예술의 힘 144
7. 세계를 꿈꾸는 아이, 꿈을 향한 첫걸음 149

4장.

자녀의 자율성 성장 지원

1. 밝고 적극적인 아이, 놀이 속에서 자율성을 배우자 156
2. 시행착오를 통해 배우는 아이 161
3. 매일 상상하고 기록하는 습관 기르기 167
4. 포기하지 않는다면 성공은 온다 172
5. 멋진 성공 안에서 길을 잃지 않기 177
6. 효도하는 마음, 사랑으로 피어나는 인성교육 184
7. 형제. 자매 서로에게 주는 가장 큰 선물 189

5장.
부부의 사랑, 아이에게 전하는 최고의 유산
1. 사랑으로 이해하는 부부의 성장 196
2. 서로에게 아낌없는 내면의 대화를 시도하자 201
3. 부부의 자존감, 사랑으로 이해하며 성장 205
4. 아내의 마음, 진정한 행복을 위한 남편의 배려 211
5. 가족이란 이름, 사랑으로 하나 되는 삶의 공동체
6. 부부의 사랑, 가족의 미래를 꽃피우는 힘 218
7. 100세 시대, 부부가 함께 걸어갈 천성 222
8. 아이들과 함께 걸어온 32년 여행길 226

제 1 장

엄마의 사랑
빛나는 아이의 첫걸음

엄마라는 이름,
세상에서 가장 아름다운 선물

'엄마'라는 단어는 듣는 순간 마음 깊은 곳에서부터 따뜻한 울림을 전해줍니다. 단순한 호칭이 아니라, 생명의 근원과 사랑의 본질을 담은 가장 순결하고 강력한 단어. '엄마'는 곧 하나의 우주이자, 생명을 품는 위대한 존재입니다.

'엄마'라는 이름은 생명의 시작과 가장 맞닿아 있는 단어입니다. 세상에 태어나는 모든 존재는 어머니의 품을 거쳐 옵니다. 10개월이라는 시간 동안, 한 생명을 자신의 몸 안에 품고 함께 숨 쉬며 교감하는 그 과정 자체는 이미 경이로운 사랑의 시작입니다. 어머니의 심장 소리가 아이에게는 세상의 첫 자장가이고, 어머니의 온기만이 세상의 전부인 시간입니다. '엄마'는 그렇게 생명의 근원과 연결된 태초의 사랑을 상징하는 이름입니다.

'엄마'라는 이름은 '희생과 헌신'입니다. 엄마는 자녀를 위해 자신의 시간과 에너지, 때로는 꿈과 행복까지 기꺼이 내어줍니다. 밤새 아픈 아이 곁을 지키고, 자신은 먹지 못해도 아이에게 더 좋은 것을 먹이고 입히며, 자신의 피로에는 아랑곳없이 아이의 필요를 채워줍니다. 이러한 희생은 고통스럽거나 억지스러운 것이 아니라, 자녀를 향한 깊은 사랑에서 우러나오는 자연스러운 헌신입니다. 엄마의 희생은 자녀에게 '내가 얼마나 소중하고 사랑받는 존재인지'를 온몸으로 느끼게 해주며, 그 사랑의 크기만큼 스스로를 귀하게 여기는 마음을 배우게 합니다.

이는 '정서적 안정감과 위로'의 상징입니다. 세상의 어떤 위로보다 따뜻하고, 어떤 품보다 아늑한 곳이 바로 엄마의 품입니다. 아이는 엄마의 눈빛과 목소리, 손길을 통해 세상의 안전함을 느끼고 정서적인 안정감을 형성합니다. 힘든 일이나 슬픈 일을 겪었을 때, 그저 엄마 곁에 있는 것만으로도 큰 위로를 받고 다시 일어설 힘을 얻습니다. 엄마는 자녀의 감정을 가장 잘 이해하고 공감해주는 존재이며, 말하지 않아도 마음속 깊은 이야기를 읽어주는 따뜻한 마음의 안식처입니다.

그리고 '엄마'라는 이름은 '성장과 가르침'의 의미입니다. 엄마는 자녀의 첫 선생님이자 삶의 안내자입니다. 걸음마를 가르치고, 세상을 살아가는 기본적인 지혜와 예의를 알려주며, 옳고 그름을 분별하는 법을 가르칩니다. 때로는 단호하게 훈육하기도 하지만, 그 바탕에는 언제나 아이가 바르고 건강하게 성장하기를 바라는 마음이 있습니다. 엄마는 자녀가 스스로 생각하고 판단하며 독립적인 인격체로 성장할 수 있도록 돕고, 자신만의 길을 찾아 나설 때 믿고 기다려주는 인내의 존재입니다. 이 과정에서 엄마 자신도 함께 성장하며 더욱 단단하고 지혜로운 사람으로 변화하게 됩니다.

'엄마'의 사랑의 본질은 어디에서 오는 걸까요? 그것은 본능적이고 원초적인 생명의 힘에서 비롯됩니다. 새끼를 보호하려는 동물들의 본능처럼, 엄마는 자신의 생명을 걸어서라도 자녀를 지키려는 강한 보호 본능을 가지고 있습니다. 이 본능은 사랑이라는 감정과 결합되어 더욱 깊고 강력한 힘을 발휘합니다.

자녀는 엄마의 아낌없는 사랑과 굳건한 지지를 통해 자신감을 얻고, 아직은 낯설고 힘든 세상으로 나아갈 용기와 힘을 기르게 됩니다. 아마도 그것이 하나님께서 엄마에게 '보호자'라는 귀한 역할을 맡기신 이유일 것입니다. 엄마의 따뜻한 품은 아이에게 세상 어떤 곳에서도 얻을 수 없는 위안과 안정감을 선사하며, 인생의 고비마다 큰 힘이 되어줍니다. 엄마는 자녀가 앞으로 마주하게 될 세상에서 필요한 지혜와 용기를 가르쳐주는 첫 번째 스승이기도 합니다. 아이가 성장하며 다양한 도전과 시련에 직면할 때, 엄마의 따뜻한 조언과 격려는 길을 잃지 않도록 잡아주는 나침반이 되어줍니다. 엄마는 자녀가 스스로 올바른 선택을 내릴 수 있도록 돕고, 그들이 자신만의 길을 찾아 나서는 과정을 묵묵히 믿고 기다려주는 인내의 존재입니다.

저 역시도 무남독녀 외동딸을 품에 안기까지, 목숨을 건 시간을 보냈습니다. 첫아이 유산 후 8개월이 지나서 다시 임신이 되어 열 달을 품은 후 출산 예정일이 10여 일이 지나도 소식이 없어 걱정하고 있던 중 새벽에 갑작스러운 진통과 함께 출산을 하게 되었습니다. 그런데 계속된 출혈로 정신을 잃고, 혼수상태가 되어 중환자실로 옮겨지게 되었고 계속하여 수혈을 받게 되었습니다. 그렇게 15일 입원기간 동안 총 29병의 수혈을 받은 끝에 회복되어 퇴원을 하게 되었습니다. 5일 먼저 퇴원하여 친정집에 있는 딸아이를 마주하게 되었을 때, 벅찬 감격으로 눈물이 쏟아졌습니다. 4.06kg

의 건강한 딸을 선물로 품에 안고 아이의 환하게 웃는 모습과 반짝이는 두 눈을 바라보는 순간 고생했던 기억은 모두 사라지고 하나님께 감사와 기쁨의 기도가 절로 흘러나왔습니다.

긴 시간 유아기관을 운영하면서 늘 느끼는 마음은 저뿐만 아니라 어떤 자녀라도 그 부모는 생명을 걸고 얻은 자녀인데 그 귀하고 소중한 자녀를 하루에 6시간에서 10시간을 믿고 우리에게 맡겨 주신다는 것은 너무나 엄청난 믿음과 신뢰라는 것을 느끼게 될 때 가슴이 벅차고 감사한 마음뿐입니다. 그러한 사랑스럽고 소중한 한명 한명의 아이들의 두 눈망울을 바라보며 매일매일 감사와 감동의 전율을 느끼며 모든 교직원은 언제나 최선의 노력으로 하루하루를 준비하고 정성을 다해 아이들을 대하고 있습니다. 모두가 이 세상에 필요한 소중한 존재가 되어 세계 모든 민족 위에 뛰어난 자들로 성장할 수 있도록 기도하며 정성을 다하고 있습니다.

'여자는 약해도 어머니는 강하다'라는 말이 있습니다. 때로는 자녀와의 관계에서 어려움이 있을 수도 있고, 실망하거나 서운한 감정을 느낄 때도 있습니다. 하지만 엄마의 사랑은 쉽게 끊어지거나 변하지 않습니다. 시간이 흘러 나이가 많아지고, 제아무리 멀리 떨어져 있어도, 엄마의 마음은 언제나 자녀를 향해 있습니다. 마치 탯줄처럼 보이지 않는 강한 끈으로 연결된 것처럼, 엄마와 자녀는 영원히 이어져 있습니다.

사랑하는 어머님! '엄마'라는 이름과 그 사랑의 본질은 단순히 돌봄이나 양육이라는 기능을 넘어섭니다. 그것은 생명의 신비와 맞닿아 있는 가장 순수하고 강력한 형태의 사랑이며, 희생과 헌신, 무조건적인 지지와 정서적 안정감을 모두 포함하는 광범위한 개념입니다.

그렇게 소중한 자녀를 선물로 받으셨으니 언제나 감사함으로 가정이 행복하고 가족 모두가 사랑의 공동체로 묶이기를 진심으로 바라고 소망합니다.

이렇게 '엄마'라는 이름을 가진 모든 이에게 진심 어린 감사의 마음을 전합니다. 당신이 주는 사랑은 생명을 잉태시키는 힘이며, 아이를 세워가는 지혜의 뿌리입니다. 당신이 존재하기에 아이는 세상을 두려워하지 않고, 실패를 두려워하지 않습니다.

'엄마'라는 이름을 부여받은 당신을 진심으로 사랑하고 축복합니다.

엄마의 태교와
영향력 있는 아빠

　임신은 부부의 깊은 사랑의 결정체로, 새로운 생명이 잉태되는 신비로운 과정입니다. 이 시기는 부부 간의 애정이 더욱 깊어지고 서로의 소중함을 느끼는 특별한 시간이며, 주변 사람들로부터도 많은 축복과 사랑을 받는 소중한 기간입니다. 또한, 임신 중 태교는 아기의 첫 번째 환경이며, 이 환경이 아기의 정서적, 인지적, 사회적 발달에 큰 영향을 미치기 때문에 태교의 중요성과 그 방법, 그리고 태교가 아이의 삶에 미치는 영향에 대해 깊이 생각해 보아야 합니다.

　태교는 일상에서도 가볍게 실천할 수 있습니다. 매일 아침 음악을 듣거나 좋은 책을 읽는 시간을 가지는 것부터 시작할 수 있습니다. 임신 중에는 규칙적인 운동과 건강한 식습관을 유지하는 것도 태교의 일환으로 볼 수 있습니다. 이러한 작은 실천들이 모여 태아에게 긍정적인 영향을 미치게 됩니다. 또한, 가족과의 대화를 통해 정서적 유대감도 강화할 수 있습니다.

태교의 개념은 고대부터 존재해 왔습니다. 동양에서는 수천 년 전부터 태교의 중요성이 강조되어 왔으며, 중국의 고전 문헌에서는 임신한 여성의 정서와 환경이 태아에게 큰 영향을 미치게 되는 것을 다루고 있었습니다. 서양에서도 19세기부터 태교에 대한 연구가 시작되었고, 태아의 발달과 외부 자극 간의 관계가 점차 밝혀졌습니다. 이러한 역사적 배경을 통해 태교가 단순한 미신이 아니라 과학적 근거를 가진 중요한 과정임을 알 수 있습니다. 태아는 25주경부터 소리와 빛에 반응할 수 있다는 연구 결과가 있습니다. 태아는 어머니의 감정 상태를 감지할 수 있으며, 임신 중 스트레스가 태아에게 부정적인 영향을 미치는 것도 여러 연구를 통해 입증되었습니다. 연구에 따르면, 임신한 여성의 높은 스트레스는 조산, 저체중아 출생, 아기의 신경 발달에 큰 영향을 줄 수 있습니다.

스트레스 호르몬인 코르티솔이 태아에게 전달되면, 태아의 뇌 발달에 악영향을 미칠 수 있으며, 임신부의 면역 체계를 약화시켜 감염의 위험을 증가시킬 수 있습니다. 따라서 임신 중에는 정서적 안정을 유지하고 스트레스를 관리하는 것이 중요하며, 명상, 요가, 가족과의 소통이 도움이 될 수 있습니다. 이러한 노력이 태아의 건강한 발달에 중요한 역할을 합니다.

임신 계획은 부부가 사전에 구체적으로 준비해야 하며. 출산 계획을 세우는 데에도 정신적, 육체적 준비가 필요합니다. 이는 출산에 대한 두려움을 줄이고 안정적인 출산을 하는 데 도움이 됩니다. 정기적인 건강 검진과 예방접종을 미리 계획하고 확인하는 것은 임신 중 건강 문제를 예방하고, 출산 후 아기의 건강을 보장하는 데 도움이 되며, 또한 사전에 재정적 준비를 하는 것 또한 중요하여 미리 출산 비용과 육아 비용을 계획함으로써 경제적 부담도 줄일 수 있습니다.

남편도 아빠가 될 준비와 태교에 함께 힘써야 할 것입니다. 정자는 난자와 마찬가지로 유전 물질을 제공하므로, 아빠의 건강 상태는 수정률, 유전적 안정성, 태아의 건강에 직접적인 영향을 미친다고 합니다. 최근 연구들은 남성의 생활 습관, 나이, 환경요인 등이 아이의 선천적 질환, 자폐스펙트럼, 정신건강 등에 영향을 줄 수 있음을 보여주고 있습니다.

1. 정자 건강
- 정자의 질: 농도, 운동성, 형태가 모두 중요합니다.
- 정자 생성 주기: 약 74일(2.5개월) 최소 3개월 전부터 시작하는 것이 좋습니다.

2. 영양과 식습관
- 엽산: 남성도 엽산이 부족하면 정자 DNA 손상률이 올라갑니다. 하루 400-600mcg 권장
- 아연(Zn): 정자의 수와 운동성 향상에 중요
- 비타민 C, E, 셀레늄: 산화 스트레스를 줄여 정자 건강에 도움.
- 가공식품, 정크푸드 줄이기: 특히 트랜스지방과 당분이 많은 음식은 정자 질 저하와 관련

3. 금연·절주, 카페인
- 흡연: 정자 DNA 손상과 운동성 저하를 유발

- 음주: 고도 음주는 호르몬 불균형과 정자 질 저하와 관련
- 카페인: 과도한 섭취(하루 300mg 이상)는 피하는 것이 좋습니다.

4. 운동과 체중 관리
- 비만: 테스토스테론 감소 → 정자 생성 억제
- 과도한 운동: 특히 마라톤, 보디빌딩은 오히려 해로울 수 있음
- 적당한 유산소 + 근력 운동: 정자 건강에 도움

5. 환경 노출 줄이기
- 고온 환경 피하기: 사우나, 뜨거운 목욕, 노트북 무릎 사용 등은 고환 온도를 높여 정자 생성에 악영향
- 환경호르몬: 플라스틱, 살충제, 화학약품에 과도하게 노출되지 않도록 주의
- 전자파, 방사선 노출: 직업적으로 노출되는 경우 전문가 상담 필요

6. 정신건강
- 스트레스: 만성 스트레스는 정자 수 감소, 성욕 저하, 발기부전 등을 유발할 수 있습니다.
- 수면: 하루 7시간 이상 숙면 권장

7. 건강검진과 감염 그리고 임신 적정 나이
- 정기 건강검진: 고혈압, 당뇨, 고지혈증은 모두 생식 건강에 영향
- 성병 검사: 클라미디아, 임질 등은 무증상일 수 있어, 임신 전 검사 필요

- 약물 복용: 기존 복용 중인 약이 생식기능에 영향을 줄 수 있으므로, 미리 상의해야 합니다.

8. 임신 적정 나이
- 35세 이후: 정자의 유전적 돌연변이 증가, 수정률 감소 가능성
- 40세 이상: 임신율 저하, 유산율 증가, 태아의 유전 질환(자폐증, 정신분열증 등) 위험 증가

임신은 "두 사람의 준비"라는 점을 기억하시고, 함께 건강한 몸과 마음으로 출발해야 합니다.

무엇보다 중요한 것은 정서적 지지와 동행의 자세입니다. 남편이 아내의 감정에 공감하고 함께 태교 활동에 참여할 때, 아내는 안정감과 사랑을 느끼며 태아에게도 긍정적 에너지가 전달됩니다.

태교는 단지 산모의 몫이 아닌, 가족 전체의 문화가 되어야 합니다. 부부가 함께 준비하고, 조부모가 지지하며, 형제, 자매가 기대하는 분위기 속에서 태어난 아이는 사랑받는 존재로 성장합니다.

따뜻한 말 한마디, 다정한 음악 한 곡, 하루 10분의 웃음이 아이의 삶에 커다란 울림을 만들어 냅니다. 이제는 개인의 실천을 넘어, 사회 전체가 태교의 가치를 인식하고 실천하는 문화로 나아가야 할 때입니다.

조선시대 신사임당은 태교를 위해 몸과 마음의 조화를 중요시했으며, 자연을 사랑하며 자연 속에서 많은 시간을 보내며 자연의 아름다움을 아이에게 전하며 태교에 힘써 왔습니다. 오늘날에도 많은 부모들이 신사임당의 태교에 귀감을 삼고 있으며, 태교부터 학문에

이르기까지 마음을 다해 자녀를 기르는 자세가 중요하다는 메시지를 전달하고 있습니다.

현대에 와서는 한국의 유명한 피겨 스케이터인 김연아 어머니의 태교에 대하여 나누고 싶습니다. 김연아의 어머니 박미희 씨는 딸의 피겨 선수로서의 길을 지원하기 위해 태교부터 시작하여 전 생애를 헌신적으로 바쳤습니다. 그녀의 태교와 육아 방식은 단순한 신체적 돌봄을 넘어, 김연아의 정신적·정서적 성장에도 큰 영향을 주었다고 합니다.

이 글을 쓰며 결혼할 당시에는 태교가 이처럼 중요한 것인지를 깨닫지 못하고 자녀에 대한 계획을 세우지도 않은 상태로 결혼 후 1년이 지나 임신을 하게 되었습니다. 준비되지 않은 상황에서 친정 고모가 운영하는 가게를 맡아 운영해 주며 맞벌이를 하게 되어 바쁘게 지내다 보니 태교를 하기가 어려운 여건이 되었습니다. 그러던 중 다행히 신앙을 갖게 되면서 매일 아침 기도와 감사하는 마음으로 하루를 시작하게 되었고 매일 잔잔한 음악과 함께 주일이면 교회에 나가 예배 후 가족적인 분위기로 다양한 지혜를 나누며 긍정적이고 건전한 마음가짐으로 지내게 되었습니다. 매일 조금씩 동네를 30분 정도 천천히 걷기를 하며 운동을 하고, 시골 양가 부모님께서 농사지어 보내주신 다양한 곡식과 과일 등으로 충분한 영양을 섭취하며 10달의 임신 기간을 잘 보내게 되었습니다. 드디어 기다리던 출산일이 되어 건강한 딸아이가 태어나게 되었습니다. 너무나 건강하고 예쁜 딸아이를 바라보니 스스로가 큰 감동과 함께 이 큰일을 무사히 해 냈다는 대견함에 너무나 감사하고 기쁜 마음이었습니다.

그동안 30여 년 유아교육 현장을 지켜보면서 태교의 중요성은 현실로 느껴 볼 수가 있었습니다. 학부모 설문지에 임신 전 태교의 중요성을 알고 계획하며 임신기간을 보낸 학부모와 그렇지 못한 가운데 임신 계획을 하여 미쳐 태교를 하지 못한 채 출산을 하여 자란 아이들 사이에는 차이점이 있었습니다.

태교를 계획하여 태어난 아이들은 정서적으로 안정된 경우가 많았고, 이들은 남의 말을 신중하게 들으려고 하고 놀이 활동에 있어서도 정해진 약속 안에서 지도교사와 소통을 하며 활동하는 경향이 있었습니다. 태교에 경험과 지식이 없이 태어난 유아들의 성향은 안정적이지 않아서 성급하고 집중하는 시간이 짧으며 상대의 마음과 소통하는 수용성과 활동 능력이 좀 부족한 경우가 많았습니다. 그런 아이가 원에 오면 특별히 원에서는 더욱 많은 관심과 소통을 하며 칭찬과 대화로 서로 간의 친밀감과 긍정적인 마음을 가질 수 있도록 도움을 주고 있습니다. 부모님께서도 태교가 부족했다면 이제라도 많은 관심과 애정을 갖고 많이 놀아주고 대화와 질문을 많이 하고 수시로 꼭 안아주며 잘했다는 칭찬을 많이 해주며 이끌어 가신다면 점차 좋은 효과를 보실 수 있을 것입니다.

아이들과의 행복한 교감

　세상에 태어난 아이는 그 누구의 품에서 왔든, 어떤 배경을 가졌든 관계없이, 오롯이 한 명의 독립된 인격체로서 더없이 사랑스럽고 고귀한 존재입니다. 작은 손가락, 서툰 발걸음, 세상을 향해 반짝이는 호기심 가득한 눈빛, 그리고 아직 여물지 않은 웃음 속에는 무한한 가능성과 순수함을 찾아볼 수 있습니다. 오랫동안 유아교육 기관을 운영하며 매일매일 아이들과 함께하면서 느끼는 그 감사함과 벅찬 마음은 어떤 것으로도 바꿀 수 없는 소중한 자산이자 행복 바이러스입니다. 이 긍정적인 힘을 부모님과 함께 나누고 싶습니다.

　매일 아침, 분주하고 피곤함이 묻어나는 출근길 일지라도, 원의 출입문을 열고 들어서면 밝게 웃어주며 "원장님 안녕하세요!" 하고 인사하는 아이들의 모습을 마주하면 신기하게도 마음속 가라앉았던 침체된 기분이 눈 녹듯 사라지고 입가에 잔잔한 미소가 절로 피어납니다. 교실 안에서 친구들과 깔깔거리며 재미있게 놀이에 집중하다가도 저와 눈이 마주치면 환하게 웃어주며 작은 손으로 서툰 손가락 하트를 만들어 보이거나, 옆 친구에게 조용히 "원장님 지나가신다." 라고 속삭이며 제게 눈인사를 건네는 아이들의 사랑스러운 모습은 하루를 시작하는 저에게 가장 큰 기쁨이자 살아갈 힘을 주는 활력소가 됩니다. 아이들과 함께하는 시간들이 얼마나 고맙고 감사한지 모릅니다. 아이들을 통해 배우고 느끼는 것이 너무나 많기 때문에 매 순간순간이 소중하게 느껴집니다.

아이들과 소통하는 데 있어 분명 언어적인 표현은 중요합니다. 아이가 말을 배우고 자신의 생각과 감정을 언어로 표현하기 시작하면서 소통의 깊이는 더욱 풍성해집니다. 하지만 아직 세상의 언어가 낯선 영유아들에게는 말보다 더 강력하고 깊은 메시지를 전달하는 특별한 언어가 있습니다.

그것은 바로 눈빛, 표정, 몸짓, 목소리 톤과 같은 '비언어적 신호'입니다. 비언어적 신호는 말을 사용하지 않고도 우리의 진심과 감정, 의도, 그리고 아이에 대한 반응을 아이에게 고스란히 전달하는 섬세한 언어입니다. 따뜻한 미소, 사랑이 담긴 눈 맞춤, 꼭 안아주는 포근한 포옹, 머리를 부드럽게 쓰다듬어주는 손길 등은 아이에게 '나는 사랑받고 있구나', '나는 안전한 환경에 있구나', '나는 소중한 존재구나'라는 느낌을 직접적으로 전달하며 아이의 정서적 안정감과 발달에 긍정적인 영향을 미칩니다. 부모나 양육자가 일관성 있고 따뜻한 비언어적 신호를 꾸준히 보내줄 때, 아이는 세상을 신뢰하고 부모와의 사이에 굳건한 애착 관계를 형성하는 소중한 기초를 다지게 됩니다.

예를 들어, "안 돼", "하지 마" 등의 말과 함께 단호한 표정을 지으면 아이는 그 말이 가진 금지의 의미를 훨씬 분명하게 느끼게 됩니다. 더불어 비언어적 신호는 아이의 행동을 부드럽게 조절하는 데에도 많은 도움을 줍니다. 아이가 위험하거나 잘못된 행동을 하려고 할 때 부모가 걱정스럽거나 단호하지만, 차분한 표정을 지으면 아이는 그 신호를 인식하고 자신의 행동을 멈추거나 조절하려 합니다. 반대로 아이가 잘한 행동을 했을 때 환한 미소와 엄지손가락을 치켜세워주면 아이는 자신의 행동이 긍정적으로 받아들여졌음을 알고 그 행동을 반복하려 할 것입니다. 안정적이고 긍정적인 비언어적 신호를 지속적으로 보내준다면, 아이는 자신이 정서적으로 안전한 환경에 있다고 느끼며 불안감 없이 세상을 탐색하고 건강하게 성장할 수 있습니다. 부모의 표정이나 몸짓에 담긴 느낌을 통해 아이는 주변 상황의 분위기를 파악하고 어떻게 반응하는 것이 적절한지를 자연스럽게 학습하게 됩니다.

비언어적 신호는 영,유아와의 관계에서 언어 그 이상의 강력한 소통 도구이며, 아이의 전반적인 정서적, 사회적 발달에 깊은 영향을 미치는 중요한 요소입니다. 부모나 양육자는 이러한 비언어적 신호의 중요성을 제대로 이해하고 잘 활용함으로써 아이와의 관계를 더욱 깊이 있고 의미 있게 만들어갈 수 있습니다. 아이의 작은 몸짓 언어 하나에도 귀 기울이고 반응해주는 섬세함이 필요합니다.

아이와의 긍정적인 상호작용과 효과적인 소통 기술은 아이의 건강한 정서적, 사회적 발달에 있어 무엇보다 중요하며, 이는 부모가 아이를 더욱 깊이 이해하고 사랑하는 과정으로 자연스럽게 이어집니다. 아이와 마음을 나누고 행복한 관계를 만들어가는 데 도움이 되는 몇 가지 소중한 소통 기술들을 자세히 살펴보겠습니다.

아이가 자신의 작은 생각이나 감정, 혹은 경험을 표현할 때, 어떤 내용이든 귀 기울여 들어주고 따뜻하고 긍정적으로 반응해 주는 것이 매우 중요합니다. "아, 그랬구나!", "네 생각은 그렇구나!", "정말 재밌었겠다!"와 같은 표현들은 아이에게 '내 이야기에 관심을 가져주는구나', '내 감정을 존중해주는구나'라는 느낌을 줍니다. 아이의 서툰 말에도 진심으로 귀 기울여 경청하고 성의 있는 반응을 보여줄 때, 아이는 자신의 감정과 생각을 자유롭게 표현하는 데 자신감을 가질 수 있게 됩니다. 가정에서도 자녀에게 작은 선택권을 주어 봅니다. '이 옷은 어떨까?' '이 넥타이 색은 어때?'라고 선택권을 주어보며 조언을 얻어 봅니다. 혹 부모님 마음에 들지 않더라도 의견을 나누며 결정해 봅니다. 이러한 경험은 아이가 건강한 자기표현 능력을 기르고 세상과 긍정적으로 소통하는 방법을 배우는 밑거름이 됩니다.

 아이와 대화하거나 함께 시간을 보낼 때 눈을 맞추는 것은 '나는 지금 네게 온전히 집중하고 있단다', '너는 나에게 중요한 존재야'라는 사랑의 신호를 전달합니다. 아이가 눈을 맞추려 할 때 따뜻한 미소와 부드러운 눈빛으로 응대해 주세요. 아이가 위험하거나 잘못된 행동을 했을 때조차도, 다그치기보다 차분하고 다정한 표정으로 왜 그 행동이 위험한지 설명하고 아이의 이해를 구하는 것이 필요합니다. 아이를 꼭 안아주거나, 머리를 부드럽게 쓰다듬어주거나, 손을 잡아주는 등의 따뜻한 신체적 접촉은 아이에게 당신이 그들의 말과 행동에 진심으로 관심을 가지고 있으며 깊이 사랑하고 있다는 것을 온몸으로 느끼게 해주는 강력한 비언어적 소통 방식입니다. 아이가 불안해하거나 슬퍼할 때 부드러운 스킨십은 어떤 말보다 큰 위로와 안정감을 줍니다.

 아이의 이야기에 귀 기울여 주의 깊게 들어주는 것은 아이의 마음을 여는 가장 중요한 열쇠입니다. 아이가 자신의 생각이나 감정을 표현하려고 노력할 때, 비록 그 내용이 어른의 시각에서는 사소하거나 때로 언어나 발음이 서툴러 이해하기 어려울 때도 있습니다. 하지만 그때에도 답답해하거나 아이의 말을 무시하기보다, 인내심을 가지고 아이의 이야기에 귀 기울여 주세요. 아이의 말에 대해 다시 질문하거나 아이가 한 이야기를 부드럽게 반복하며 "아이가 이런 이야기를 하고 싶구나" 하고 이해하려 노력하는 것은 아이에게 '내 이야기가 중요하구나', '내 말을 들어주는 사람이 있구나'라는 느낌을 주며 소통에 대한 즐거움과 자신감을 느끼게 합니다. 양육자와의 소통이 원활하지 않다고 느낄 때 아이들은 쉽게 좌절하거나 관계에 대한 불안감을 가질 수 있습니다.

바쁜 일상 속에서도 아이와 오롯이 함께하는 '질적인 시간'을 가지는 것은 아이와의 유대감을 끈끈하게 만드는 가장 확실한 방법입니다. 거창하거나 비싼 활동이 아니어도 괜찮습니다. 함께 그림을 그리거나, 아이가 좋아하는 책을 읽어주거나, 손을 잡고 동네를 산책하거나, 그저 마주 앉아 아이가 오늘 하루 어땠는지 이야기를 들어주는 짧은 시간이라도 아이에게는 '부모님이 나를 위해 기꺼이 시간을 내어주시는구나', '나는 부모님에게 소중한 존재구나'라는 생각에 큰 사랑과 안정감을 느낄 수 있습니다. 이러한 질적인 시간들은 아이의 마음에 사랑이라는 든든한 뿌리를 내리게 하고, 부모에게는 아이의 성장 과정을 가장 가까이에서 지켜보고 아이의 세계를 이해하는 소중한 기쁨이 됩니다.

"사랑해"라는 말을 자주 표현하고, 따뜻하게 자주 꼭 안아주거나 손을 잡아주는 등의 신체적 접촉은 아이에게 사랑을 가장 직접적이고 강력하게 느끼게 전달해 주는 소중한 방법입니다. 거창한 이벤트가 아니더라도 괜찮습니다. 잠들기 전 이마에 입맞춤을 해주거나, 아이가 그린 그림을 냉장고에 붙여주고 진심으로 감탄하고 칭찬을 보내거나, 아이가 좋아하는 음식을 만들어주는 등 일상 속에서의 작고 사소하지만 꾸준한 사랑 표현들이 모여 아이의 마음에 커다란 사랑의 숲을 이룹니다. 사랑은 표현할수록 더욱 깊어지고 풍성해지는 법이니까요.

이 모든 육아 기술의 바탕이 되는 가장 중요한 기술은 바로 부모 스스로를 잘 돌보는 것입니다. 육아는 체력적으로나 정신적으로 많은 에너지와 인내가 필요한 힘든 여정입니다. 부모가 지치고 힘들면 아이에게 충분한 사랑과 긍정적인 에너지를 주기 어렵습니다. 부모 자신의 몸과 마음이 건강하고 행복해야 아이에게도 건강하고 행복한 에너지를 전달할 수 있습니다. 충분한 휴식을 취하고, 자신이 좋아하는 일을 하며 스트레스를 건강하게 해소하고, 필요할 때는 배우자나 가족, 친구, 전문가에게 기꺼이 도움을 요청하는 등 부모 자신의 건강과 행복을 돌보는 것은 아이를 사랑으로 잘 키우는 데 있어 필수적입니다. 부모가 행복해야 아이도 그 행복을 보고 배우며 행복하게 성장할 수 있습니다.

'아이와의 행복한 교감'은 단순히 아이를 잘 키우는 방법들을 나열한 것이 아닙니다. 그것은 아이의 마음을 깊이 이해하고, 아이와 진심으로 소통하며, 서로를 통해 배우고 함께 성장하는 사랑의 여정에 대한 이야기입니다. 육아는 때로 힘든 순간과 예상치 못한 도전도 안겨주지만, 아이가 주는 순수한 기쁨과 무한한 사랑은 그 모든 어려움을 이겨낼 힘을 줍니다. 이 글에 담긴 이야기와 기술들이 아이를 더욱 깊이 사랑하고, 아이와의 관계를 더욱 풍요롭고 행복하게 만들어가는 데 작은 도움이 되기를 바랍니다. 육아는 단순한 책임이 아니라, 서로를 이해하고 사랑하는 과정을 통해 부모와 자녀 모두가 함께 피어나고 단단해지는 아름다운 여정임을 잊지 마세요.

우리 부부는 자녀를 키우며 지시하는 식의 육아보다는 스스로 하도록 하였습니다. 길을 다닐 때도 손을 잡고 가거나 앉고 다니기보다는 아직 어린 2, 3세일 때도 걷게 하고 어른이 조심스럽게 뒤를 따라가 주며 어디를 바라보고, 어떤 궁금증을 갖는지 아니면 어느 시점에서 멈추고 관심을 갖는지를 바라봐 주고 기다려 주었습니다. 그러면 아이는 걷다 멈추기를 반복하면서 스스로 세상을 익혀 나갑니다.

아이들은 아직 어른의 언어에 익숙지 않으므로 잘 알아듣지 못하는 상태에서 많은 요구를 하는 것은 아이에게 혼돈이 올 수가 있고 언어가 더 지연되며 산만해질 수 있습니다. 아이가 어떠한 행동을 하려고 할 때 양육자를 먼저 바라보게 됩니다. 일종의 허락의 암시이지요. 이럴 때 양육자는 고개를 끄덕여 주면서 긍정의 답을 해주면 아이는 자연스럽게 그 일을 시행하게 됩니다. 또한 아이가 어떠한 일을 했을 때 '너무 잘했어요.' '이것을 이렇게 하고 싶었구나'라고 표현을 해준다면 편안하고 안전하게 놀이를 하게 됩니다.

가정에서도 많은 간섭과 불안한 표정 그리고 부정적인 언어를 사용하게 되면 아이 내면에서도 부정적이고 속상함이 화로 나타날 수도 있습니다. 그럴 때 억지를 부리거나 사고를 치기도 합니다. 자세한 내면의 감정을 표현하지는 못하지만 나름의 계획과 생각이 아이들에게도 있다는 것을 인정해 줄 때 자존감이 올라갑니다.

단단한 애착과 사회성 발달

사랑스러운 아기가 세상에 태어나 처음 만나는 존재는 바로 부모입니다. 특히 엄마와 아빠 같은 주 양육자는 아기와의 첫 관계를 맺으며 평생의 정서적 기반을 형성합니다. 태어난 순간부터 아기는 본능적으로 자신을 돌보는 사람에게 마음으로 연결되기를 원합니다. 이러한 연결을 우리는 '애착(attachment)'이라고 부릅니다.

놀랍게도 애착은 태어나기도 전, 엄마의 뱃속에서부터 시작됩니다. 임신 중 엄마가 느끼는 감정과 아이를 대하는 태도는 태아에게 고스란히 전달됩니다. 엄마가 아이를 기다리며 따뜻한 마음으로 말을 걸고, 배를 쓰다듬고, 태명을 불러주는 이런 작은 행동들이 이미 아이에게 "너는 사랑받고 있어"라는 메시지를 전달하는 애착의 씨앗이 되는 것입니다.

아기가 엄마 아빠의 따뜻하고 변함없는 반응을 느끼면서 '나는 소중한 아이야', '세상은 안전하고, 힘들 때 언제든 도움을 받을 수 있어' 하고 믿게 될 때, 이걸 '안정된 애착'이라고 말합니다. 마치

아기에게 든든한 '마음의 집'을 지어주는 것과 같아요. 이 집이 튼튼하면 아기는 안심하고 세상 밖으로 나가 신나게 탐험하고 배우며 자라날 수 있는 힘이 생긴답니다.

초보 엄마들이 어떻게 하면 사랑하는 아가와 이렇게 든든한 안정된 애착을 잘 만들어갈 수 있을까 몇 가지 방법들을 함께 나누어 보겠습니다.

아기들은 아직 말로 표현하지 못하지만, 온몸으로 엄마 아빠에게 이야기하고 있어요. 울음소리, 표정 변화, 몸짓 하나하나가 아기의 마음 표현이죠. 우리 아가가 지금 뭘 원하는지, 어떤 기분인지 귀 기울여 알아차리려고 노력하는 것이 애착 형성에 가장 중요해요. 이걸 '민감성'이라고 한답니다. 또한 아기가 작게 칭얼거리거나 눈을 비비거나 하는 작은 신호도 놓치지 않으려고 신경 써주세요. '우리 아가, 지금 뭐가 불편할까?' 하고 아기에게 관심을 가지는 것입니다. 더러는 아기의 울음이 배고프다는 뜻인지, 졸리다는 뜻인지, 기저귀가 축축하다는 뜻인지, 아니면 그냥 엄마 품이 그립다는 뜻인지 아기의 마음을 읽어주는 것이 처음엔 어렵겠지만, 아기와 시간을 보내다 보면 점점 익숙해질 것입니다.

아기의 마음을 알았다면 망설이지 말고 바로 따뜻하게 반응해주세요. 배고파하면 젖이나 우유를 주고, 불편해하면 기저귀를 갈아주고, 울면 부드럽게 안아주세요. 아기가 보낸 신호에 엄마 아빠가 반응해주는 경험이 쌓이면, 아기는 '내가 이야기하면 엄마 아빠가 들어주는구나!' 하고 느끼며 세상에 대한 믿음을 키워갑니다.

아기와 함께 있을 때 자주 웃어주고, 눈을 맞추고, 부드러운 목소리로 이야기해 주세요. 아기의 옹알이에 대답해주고 노래를 불러주는 것도 좋습니다. 이런 따뜻하고 즐거운 시간들이 애착을 더욱 끈끈하게 만들어줍니다.

많은 엄마들이 '아기가 안아 달라고 할 때마다 안아주면 버릇이 나빠지지 않을까?' 하고 걱정하기도 합니다. 하지만 생후 초기에는 아기의 요구에 충분히 반응해 주는 것이 오히려 아기의 마음을 안정시키고 엄마 아빠를 더 신뢰하게 만들어서 장기적으로는 아기가 더 독립적으로 성장하는 데 도움이 된다는 연구 결과가 있습니다. 너무 걱정하지 마시고 아기의 마음이 원하는 만큼 충분히 안아주세요.

아기들은 세상이 어떻게 돌아가는지 예측할 수 있을 때 마음이 편안해져요. 매일 비슷한 시간에 맘마를 먹고, 잠을 자고, 엄마 아빠와 함께하는 시간들이 일정하면 아기는 세상이 안정적이라고 느끼게 됩니다. 물론 주 양육자에게 매일 완벽한 규칙적인 생활을 지키는 것은 쉽지 않지요. 그래도 가능한 선에서 아가에게 예측 가능한 일상을 만들어주려고 노력하는 것이 아기의 마음을 편안하게 해주고 불안감을 줄여주는 데 큰 도움이 됩니다.

안정된 애착의 중요한 역할 중 또 하나는 엄마 아빠가 아기가 세상을 마음껏 탐험할 수 있도록 돕는 '안전 기지'가 되어주는 것입니다. 아기가 새로운 장난감을 가지고 놀거나 처음 가는 곳에서 주변을 살필 때, 엄마 아빠는 아기 곁에서 든든하게 지켜봐 주세요. 아기가 탐험을 잘하면 '잘하네!' 하고 격려해 주고, 아기가 무섭거나 힘들어서 돌아올 때 따뜻하게 안아주고 위로해 주세요. 엄마 아빠라는 든든한 안전 기지가 있다는 것을 알 때, 아기는 용기를 내어 더 멀리 탐험하고 스스로 뭔가를 해보려는 독립심을 키울 수 있습니다.

우리 아가에게 따뜻하고 안정적인 마음을 전해주려면, 엄마 자신의 마음도 건강해야 합니다. 엄마가 많이 지쳐 있거나 스트레스를 받고 있다면, 아기의 작은 신호를 알아차리고 반응해 주기가 어려울 수 있습니다. 그러니 엄마 자신을 위한 시간도 꼭 가지시고, 힘들 때는 남편이나 가족, 친구들에게 도움을 요청하시기 바랍니다. 엄마가 행복해야 아기도 더 행복하게 자랄 수 있다는 것을 잊지 마세요!

안정된 애착은 특별한 기술이 아니라, 아기를 사랑하는 마음으로 아기의 작은 소리에도 귀 기울여 주고 따뜻하게 반응해 주는 일상 속의 작은 노력들로 만들어가는 것입니다. 처음이라 서툴고 힘들 때도 있겠지만 괜찮아요. 완벽할 필요는 없답니다. 아가를 사랑하는 마음으로 아기에게 다가가고, 혹시 실수를 해도 다시 웃어주면서 노력하는 그 과정 자체가 정말 소중합니다. 우리 아가와 함께 웃고, 안아주고, 마음을 나누는 이 소중한 시간들이 쌓여서 우리 아가의 마음에 평생 가는 든든한 안정감과 행복을 심어줄 수 있는 것입니다. 초보 엄마로서 겪는 모든 순간들을 응원합니다.

부모님들께서 혹시 애착 형성의 골든타임을 놓쳤다고 느끼시나요? 걱정하지 마세요. 애착은 언제든지 다시 회복하고, 다시 연결될 수 있는 관계입니다. 아이와 눈을 마주치며 이야기를 나누며, 함께 웃고, 손을 잡아주고 꼭 껴안아 주면서 아이와 상호작용을 한다면 오늘이 바로 애착을 다시 키워 줄 수 있는 시간입니다. 아이와 함께하는 지금 이 순간, 엄마의 따뜻한 눈빛, 다정한 목소리, 품에 꼭 안아주는 그 손길 속에 애착은 자라고 있습니다. 애착이야말로 아이 인생의 단단한 뿌리가 되어줄 것입니다. 현대 사회 바쁘게 돌아가지만, 아이와 눈을 마주하며 아이의 이야기를 들어 주고 따스함을 느낄 수 있는 시간이 너무 필요합니다.

 원에서도 불안정 애착을 보이며 힘들어하는 아이들의 부모님과 만나 상담을 해보면 부모님은 아이를 너무도 사랑하고 있다고 이야기하십니다. 하지만 아이가 느낄 수 있게 표현해 주고 있는가 생각해 보아야 합니다. 3월 신학기가 되면 새로 입학한 만 0세에서부터 만 4세 정도의 아동들까지도 우는 경우가 있습니다. 세상에서 제일 좋은 엄마랑 떨어지면서 우는 것은 당연할 수 있지요. 그럴 때는 원에서도 적응할 때까지 기다려 줍니다. 교사들은 울고 있는 아이들에게 신뢰를 쌓아가며 또 다른 엄마가 되기 위해 대화로 한 가지 한 가지 끈을 풀어갑니다. 그렇게 스무고개를 풀어가다 보면 어느 한 부분에서 아이는 울음을 그치게 되고 활동도 시도해 보게 됩니다.

 우리 원에서는 돌봄을 넘어선, 양육자와 영유아가 함께 만들어가는 아름다운 관계의 여정을 만들어갑니다. 민감하고 따뜻하게 반응하고, 예측 가능한 안정감을 주며, 따뜻한 상호작용을 통해 안전기지가 되어주고자 정성을 다하고 있습니다. 영아들의 경우에는 매일 5회 이상 안아줍니다. 잠잘 때도 꼭 안아주어 안정감을 갖게 해주고 불안해할 때에도 꼭 안아서 눈을 마주보며 마음을 나눕니다. 유아의 경우에도 등원할 때 인사하며 꼭 안아주고, 하원할 때도 '오늘 하루 재미있게 잘 지내게 되어 너무 고맙고 사랑해'라고 하며 안아주어 안정된 애착을 가질 수 있도록 도와줍니다. 부모님들께서도 하원을 하게 되면 안정적인 마음으로 꼭 안아주고 뽀뽀해 주며 사랑한다는 말과 표현을 5분 이상 눈을 마주보며 긍정의 메시지를 전해 주세요. 아이들은 부모님의 심장 파동을 같이 느끼고 인지하게 됩니다. 그래서 부모가 불안해하지 않고 감동하고 기뻐하면 아이도 행복하고 즐거운 마음을 가지게 됩니다. 그리고 부모가 기관을 믿고 신뢰하며 편안한 마음으로 원을 적응시키면 아이도 시간을 늘려가며 조금씩 적응을 하여 모두가 안정적이고 편안한 원생활의 시작이 될 것입니다. 한 아이를 잘 키우기 위해서는 온 마을이 필요하다는 아프리카 속담이 있습니다. 아무리 귀한 자녀라 해도 엄마 혼자 아이를 키울 수 없습니다. 믿고 맡길 수 있는 곳을 잘 선정하여 함께 키워야 합니다.

아이와 함께하는 이 시간, 그 어떤 교육보다 중요한 것은 바로 사랑입니다. 따뜻한 눈빛 하나, 품에 안아주는 순간 하나가 아이의 마음속에 평생 지워지지 않는 '신뢰'로 새겨집니다. 그 믿음이 아이의 사회성, 정서, 인격을 자라게 합니다.

엄마의 미소가
아이의 세상을 밝힌다

　자녀를 키우는 일은 세상에서 가장 아름답고도 동시에 가장 어려운 일입니다. 작고 여린 생명이 부모의 품에서 세상과 만나고, 사랑과 보살핌 속에서 한 걸음씩 성장해 나가는 모습을 지켜보는 것은 형언할 수 없는 큰 기쁨과 감동입니다. 하지만 이 여정 속에서 엄마들은 때로는 자신의 존재를 잊을 만큼 헌신하며, 수많은 책임감과 마주하게 됩니다. 우리 사회는 흔히 '모성애'라는 이름으로 엄마의 희생과 헌신을 당연시 여기는 경향이 있습니다. 아이를 위해 자신의 모든 것을 내어주는 것이 진정한 엄마의 모습이라고 이야기하기도 합니다. 그러나 진정으로 아이의 행복을 위한다면, 우리는 그 근본적인 질문을 던져 보아야 합니다. 과연 엄마의 희생만이 아이를 행복하게 할 수 있는가? 어쩌면 그 해답은 의외로 단순할지 모릅니다. 바로 '엄마가 행복해야 아이도 행복하다'는 지극히 당연하지만, 때로는 간과하기 쉬운 진리 속의 말입니다.

　아이들은 엄마의 거울이라고 합니다. 엄마의 표정, 말투, 행동 하나하나가 아이의 감정 세계와 정서 발달에 깊은 영향을 미칩니다. 엄마가 불안하고 지쳐있다면, 아이는 불안정함을 느낄 가능성이 높습니다. 엄마가 밝고 긍정적인 에너지를 가지고 있다면, 아이 역시 세상을 긍정적으로 바라보는 법을 배울 것입니다. 엄마의 행복은 단순히 엄마 개인의 만족에 그치는 것이 아니라, 아이의 정서적 안정과 건강한 성장에 필수적인 토양이 되는 것입니다.

스트레스와 불안에 시달리는 엄마는 자신도 모르게 아이에게 날카로운 반응을 보이거나, 충분한 정서적 교감을 나누지 못할 수 있습니다. 이는 아이에게 죄책감이나 불안감을 심어줄 수 있으며, 장기적으로는 자존감 저하나 관계 형성의 어려움으로 이어질 수도 있습니다. 반면, 자신의 행복을 돌볼 줄 아는 엄마는 아이에게 더욱 따뜻하고 인내심 있는 태도를 보여줄 수 있습니다. 엄마의 긍정적인 에너지는 아이에게 안정감을 주고, 세상에 대한 호기심과 탐색 욕구를 자유롭게 펼칠 수 있도록 지지해 줍니다.

물론 '행복한 엄마'가 된다는 것이 늘 웃고 완벽해야 한다는 의미는 아닙니다. 육아는 고되고 힘든 순간의 연속이며, 때로는 좌절하고 눈물 흘릴 때도 있습니다. '행복한 엄마'란 그런 순간에도 스스로를 자책하기보다는, 자신의 감정을 인정하고 이를 해소하기 위해 노력하는 엄마일 것입니다. 자신의 감정적 어려움을 건강하게 다루는 모습을 통해 아이는 감정을 조절하는 법, 어려움에 대처하는 법을 자연스럽게 배우게 됩니다.

엄마가 자신의 행복을 돌보는 것은 이기적인 행동이 아니라, 아이를 위한 가장 중요하고도 현명한 투자입니다. 엄마 자신의 마음이 건강하고 단단해야 아이에게 긍정적인 영향을 줄 수 있습니다.

그러므로 엄마는 자신의 시간과 에너지를 적절히 분배하여 스스로를 돌보는 노력을 게을리해서는 안 됩니다. 친구들과 만나 이야기를 나누거나, 취미 활동을 하거나, 짧더라도 혼자만의 시간을 가지는 것 등 자신을 충전할 수 있는 활동을 찾아야 합니다. 때로는 주변에 도움을 요청하는 것도 용기 있는 행동입니다. 완벽한 엄마가 되기 위해 고군분투하기보다는, '충분히 좋은 엄마'가 되는 것으로 만족하며 자신의 행복을 추구하는 것이 아이의 행복으로 가는 지름길입니다.

우리 사회는 엄마들이 죄책감 없이 자신의 행복을 추구할 수 있도록 지지하고 격려하는 분위기를 조성해야 합니다. 육아는 엄마 혼자만의 몫이 아니라, 가족 구성원 모두와 사회가 함께 나누어야 할 책임입니다. 아빠의 적극적인 참여, 조부모의 도움, 지역 사회의 지원 시스템 등 다양한 형태의 지지가 엄마들이 자신을 돌볼 여유를 가질 수 있도록 돕는 것입니다. 엄마의 행복은 가정의 행복으로 이어지고, 이는 곧 건강한 사회를 만드는 밑거름이 되는 것입니다.

엄마의 행복을 가족과 함께 나누는 좋은 소통 방법에 대해서 생각해 보겠습니다. 엄마 혼자만의 행복도 중요하지만, 그 행복을 가족과 함께 공유할 때 더욱 풍요로워지고 아이의 행복으로 이어질 수 있습니다. 가족 간의 건강한 소통은 행복을 공유하는 가장 기본적인 방법이지요. 구체적인 방법을 몇 가지 생각해 보겠습니다.

자신의 감정 상태나 생각, 필요를 가족 구성원들과 솔직하게 공유하는 것이 중요합니다. "오늘 이런 일이 있어서 기분이 좋았어" 혹은 "오늘 조금 힘들었는데, 네 덕분에 힘이 났어"와 같이 자신의 감정을 표현하며 대화를 시작할 수 있습니다. 또한, 가족 구성원 각자의 하루 일과나 생각에 대해 관심을 갖고 경청하며 서로의 삶에 대한 이해를 높이는 것이 좋습니다. 비난이나 판단 없이 서로의 이야기에 귀 기울여 경청하여 듣는 연습이 필요합니다.

특별한 활동이 아니더라도, 가족이 함께 모여 시간을 보내는 것 자체가 중요합니다. 저녁 식사를 함께하거나, 주말에 짧게라도 산책을 하거나, 거실에 모여 앉아 이야기를 나누는 시간을 의식적으로 만들어 보는 겁니다. 이러한 시간들은 서로의 유대감을 강화하고 자연스럽게 소통할 기회를 제공하게 됩니다. 스마트폰이나 TV를 잠시 내려놓고 서로에게 집중하여 바라봐 주고 이야기를 나누는 시간이 필요합니다.

가족 구성원 서로에게 긍정적인 말과 칭찬을 아끼지 말아야 합니다. "오늘 정말 수고 했어", "네 덕분에 집안이 환해진 것 같아", "네 생각이 정말 기발하다"와 같이 구체적인 칭찬은 상대방에게 기쁨을 주고 관계를 더욱 돈독하게 만듭니다. 엄마의 긍정적인 표현은 아이의 자존감을 높이는 데 특히 중요합니다. 사람은 가까운 가족 또는 이웃에게 인정받기를 원합니다.

가족 내 중요한 사안이나 일상적인 문제에 대해 함께 논의하고 결정하는 과정을 거쳐야 합니다. 이럴 때 아이의 의견도 존중하며 함께 문제를 해결해 나가는 경험은 아이에게 책임감을 길러주고 가족 구성원으로서의 소속감을 느끼게 합니다. 육아나 가사 노동 등은 엄마 혼자만의 몫이 아니라, 온 가족이 함께 책임지고 나누어야 할 일임을 인지하고 역할을 분담하는 것이 매우 중요하다고 생각 합니다.

가족 구성원들이 함께 즐길 수 있는 작고 특별한 의식이나 약속을 만들어 보는 겁니다. 예를 들어 매주 금요일 밤에는 함께 영화 보기, 매일 밤 자기 전 서로에게 좋았던 점 한 가지 이야기해 주기, 가족 생일에는 특별한 이벤트를 해주기 등이 있습니다. 이러한 가족만의 의식은 소속감을 강화하고 즐거운 기억을 공유하며 자연스럽게 소통을 촉진하게 됩니다.

가족 구성원 서로에게 감사하는 마음을 표현하는 것을 습관화하는 겁니다. 작은 도움이나 배려에도 "고마워"라고 진심으로 표현하는 것은 긍정적인 관계 형성에 큰 영향을 미칩니다. 어른인 엄마가 먼저 감사하는 모습을 보여주면 아이들도 자연스럽게 감사를 배우게 됩니다.

물론 화가 나거나 서운한 감정이 들 때도 있습니다. 이러한 감정을 억누르기보다는 "나는 ~할 때 ~한 감정을 느꼈어"와 같이 자신의 감정을 솔직하게 전달하되, 상대방을 비난하거나 공격하는 표현방식이 아닌 건강한 방식으로 나의 느낌을 표현하는 연습이 필요합니다. 갈등이 생겼을 때는 회피하기보다는 차분하게 대화하며 해결책을 찾는 태도가 중요합니다.

정기적으로 가족들이 함께 모여 각자의 생각이나 어려움을 이야기하고, 가족 내 규칙이나 문제에 대해 논의하는 시간을 갖는 것도 좋습니다. 모든 구성원의 의견을 존중하며 민주적으로 소통하는 과정을 통해 서로를 더욱 이해하고 존중하게 됩니다.

결론적으로, '엄마의 미소가 아이의 세상을 밝힙니다.'라는 말은 단순한 구호가 아니라, 아이의 건강한 성장과 행복을 위한 핵심 원리입니다. 엄마 자신의 감정과 필요를 존중하고 돌보는 것은 엄마로서의 역할을 제대로 수행하기 위한 필수 조건입니다. 저는 60년대 초 어려운 시기에 태어났지만 언제나 웃음소리가 담장을 넘는 가정이어서 마을 어르신들께서 항상 부러워하셨습니다. 우선 우리 부모님께서는 두 분이 평상시 대화를 많이 하셨고 자녀인 우리 5남매 에게도 큰소리치거나 화를 내신 일이 기억에 있지 않습니다. 그래서 인지 지금 결혼생활 37년이 되었는데도 우리 가정에서는 큰 소리가 나거나 싸우지 않는 편입니다. 평화적으로 서로 양보하며 상대의 마음을 이해하며 지냅니다. 이렇듯 모든 가정이 언제나 조금씩 양보하며 상대의 마음을 읽으며 대화를 통해 화합하며 더욱 행복한 가정을 이루어 가시길 바라며 또한 그 행복이 아이들 세대에까지 흘러가는 아름답고 멋진 세상이 되기를 바랍니다.

"행복한 엄마, 대화하는 가정, 그곳에서 아이는 가장 잘 자란다."
엄마가 웃는 순간, 아이의 마음에도 햇살이 듭니다. 자신을 돌보고 사랑하는 엄마가, 아이에게 세상에서 가장 든든한 울타리입니다. 그 웃음과 따뜻함이 세대를 넘어, 더 나은 세상을 만들어갑니다.

말의 힘,
아이의 미래를 바꾼다

어린아이는 세상과 만나는 첫 관문에서 부모라는 존재를 먼저 마주하게 됩니다. 부모의 품 안에서 세상을 배우고 자신을 인식하기 시작하게 됩니다. 이때 부모가 아이에게 건네는 말 한마디, 한마디는 단순히 소리의 나열이 아닌 아이의 내면에 깊이 스며들어 하나의 씨앗이 됩니다. 그 씨앗은 아이의 생각, 감정, 자아 개념, 그리고 세상을 바라보는 방식까지 송두리째 바꾸어 놓을 수 있는 놀라운 힘을 지니고 있습니다. 마치 작은 씨앗이 거대한 나무로 자라나듯, 부모의 말 한마디가 아이의 세상을 변화시키는 시작점이 되는 것입니다.

아이의 세상은 부모의 언어라는 렌즈를 통해 처음으로 투영됩니다. "넌 정말 똑똑하구나", "잘했어!", "괜찮아, 다시 해보자"와 같은 격려와 칭찬의 말은 아이의 마음에 긍정적인 자아상을 심어줍니다. 자신이 사랑받고 있으며, 능력 있고, 자신감을 세워주고, 실패해도 다시 도전할 수 있다는 믿음을 심어주게 됩니다. 이러한 믿음은 아이가 새로운 것에 도전할 용기를 주고, 어려움에 맞설 수 있는 단단한 내면의 힘을 길러줍니다. 부모의 긍정적인 언어는 아이의 자존감이라는 나무가 튼튼하게 뿌리 내릴 수 있도록 하는 비옥한 토양이 됩니다.

반대로, 비난이나 부정적인 언어는 부정의 에너지를 전달하기 때문에 아이의 마음에 깊은 상처를 남길 수 있습니다. "넌 왜 이것밖에 못 하니?", "그것도 틀리니?", "정말 답답하다" 와 같은 말들은 아이에게 좌절감과 무능력감을 심어주고, '나는 부족한 아이'라는 부정적인 자아 개념을 형성하게 할 수 있습니다. 부모의 날카로운 말은 아이의 마음에 가시처럼 박혀 스스로를 의심하게 만들고, 새로운 시도를 두려워하게 하며, 자신의 감정을 억누르게 만들기도 합니다. 부모가 무심코 던진 말 한마디가 아이의 성장을 가로막는 장벽이 될 수도 있는 것입니다.

부모의 언어는 아이의 세상을 이해하는 방식에도 영향을 미칩니다. 부모가 세상을 긍정적이고 낙관적으로 이야기하면 아이도 세상을 탐험할 곳, 기회가 가득한 곳으로 인식하기 쉽습니다. 반면, 부모가 세상에 대해 불안과 불신을 표현하면 아이 역시 세상을 위험하고 두려운 곳으로 느낄 수 있습니다. 부모가 사용하는 단어 선택, 말투, 이야기의 내용 모두가 아이의 가치관과 세상을 보는 관점을 형성하는 데 영향을 미칩니다.

부모의 말은 아이의 관계 맺는 방식을 가르치는 중요한 모델이 됩니다. 부모가 서로에게, 또는 다른 사람들에게 존중하고 배려하는 언어를 사용하면 아이는 건강한 소통 방식을 배웁니다. 갈등 상황에서도 비난 대신 자신의 감정을 솔직하게 표현하고 문제를 해결하려 노력하는 부모의 언어는 아이에게 갈등 해결 능력을 길러줍니다. 부모의 언어는 아이가 타인과 어떻게 상호작용해야 하는지를 보여주는 살아있는 교과서입니다.

이는 또한 아이에게 하는 말뿐만 아니라, 아이 앞에서 다른 사람에게 하는 말도 중요합니다. 아이는 부모가 타인을 어떻게 평가하고 이야기하는지를 들으며 사회 구성원으로서 어떻게 행동해야 하는지를 배웁니다. 부모의 뒷담화나 험담은 아이에게 부정적인 가치관을 심어줄 수 있으며, 편견이나 선입견을 형성하게 할 위험도 있습니다.

부모의 말 한마디는 단순히 현재 아이에게 영향을 미치는 것을 넘어, 아이의 무의식 속에 저장되어 평생 아이를 따라다닙니다. 어릴 적 부모에게 들었던 말이 어른이 되어서도 자신도 모르게 스스로에게 되뇌는 내면의 목소리가 되는 경우가 많습니다. 긍정적인 말은 힘든 순간에도 스스로를 일으켜 세우는 용기가 되지만, 부정적인 말은 끊임없이 스스로를 깎아내리는 자기 비난의 목소리가 될 수 있습니다. 부모의 말이 아이의 '셀프 토크(Self-Talk)'에 지대한 영향을 미치게 됩니다.

부모는 자신이 아이 앞에서 어떤 말을 하고 있는지, 그 말이 아이에게 어떤 영향을 미칠지를 늘 염두에 두어야 합니다. 물론 육아는 힘들고 지치는 순간의 연속이기에 늘 좋은 말만 하기란 어렵습니다. 때로는 실수하고 후회되는 말을 할 수도 있습니다. 중요한 것은 완벽한 언어를 구사하는 것이 아니라, 아이에게 미치는 언어의 힘을 인지하고 의식적으로 노력하는 것입니다. 아이에게 상처를 주는 말을 했다면 솔직하게 사과하고 다시는 그러지 않도록 노력하는 모습 자체도 아이에게는 중요한 배움이 됩니다.

부모의 말 한마디에는 아이의 세상을 더욱 밝고 넓게 확장시켜 줄 수도 있고, 반대로 좁고 어둡게 만들 수도 있는 책임과 동시에 엄청난 기회가 담겨있습니다. 아이에게 힘을 주고, 용기를 북돋아 주며, 무한한 가능성을 이야기해 주는 긍정적인 언어야말로 아이가 건강하고 행복한 세상 속에서 자신을 마음껏 펼쳐나갈 수 있도록 돕는 가장 강력한 도구입니다.

자존감은 쉽게 말해 '스스로를 가치 있고 사랑받을 만한 존재라고 느끼는 마음'입니다. 이 자존감은 아이가 성장하면서 겪는 다양한 경험과 사람들과의 관계 속에서 형성되지만, 그 기초는 대부분 어린 시절 부모와의 상호작용, 특히 부모가 아이에게 건네는 말 한마디 속에서 다져진다고 볼 수 있습니다.

부모가 아이에게 "넌 정말 소중한 아이야", "네가 있어서 엄마 아빠는 정말 행복해", "네가 노력하는 모습이 정말 멋져"과 같이 아이 존재 자체나 노력 과정을 칭찬하고 격려하는 말을 꾸준히 해주면, 아이는 스스로가 가치 있고 사랑받을 만한 존재라고 느끼게 됩니다. 이러한 긍정적인 메시지는 아이의 마음에 '나는 괜찮은 아이야'라는 단단한 믿음을 심어주어 건강한 자존감을 형성하게 합니다.

아이가 어떤 일을 해냈을 때 "와, 네가 이걸 혼자 해냈구나! 정말 대단해!", "조금 어려웠을 텐데 포기하지 않고 끝까지 하는 모습이 멋지다"와 같이 아이의 노력과 성과를 구체적으로 칭찬해 주면, 아이는 자신의 능력에 대한 믿음(효능감)을 갖게 됩니다. '나는 할 수 있는 아이다'라는 긍정적인 인식은 새로운 도전에 대한 두려움을 줄여주고 자존감을 높여줍니다. 결과보다는 과정과 노력에 대한 칭찬이 더욱 효과적입니다.

아이가 실패하거나 실수를 했을 때 부모의 말은 아이의 자존감에 큰 영향을 미칩니다. "괜찮아. 누구나 실수할 수 있어. 다음엔 더 잘할 수 있을 거야", "실패는 성공의 어머니라고 하잖아. 이번 경험을 통해 배운 게 있을 거야"와 같이 실패를 성장의 과정으로 여기고 격려하는 말은 아이가 실패를 두려워하지 않고 다시 도전할 용기를 갖게 합니다. 이는 곧 '나는 어려움 속에서도 다시 일어설 수 있는 아이다'라는 긍정적인 자존감으로 이어집니다. 반면, 실패했을 때 비난하거나 실망감을 표현하는 말은 아이에게 깊은 상처를 주고 도전을 회피하게 만들 수 있습니다. 실패를 하였을 때 누구보다 본인이 더 상실감을 갖고 있기 때문에 가족이나 주변에서 비난을 준다면 더 큰 상실감을 갖게 될 것입니다.

부모가 아이의 감정을 존중하고 이해하는 언어를 사용하면 아이는 자신의 감정이 소중하다는 것을 느끼고 건강하게 감정을 표현하는 법을 배웁니다. "화났구나. ~해서 속상했겠네", "정말 기분이 좋았구나!"와 같이 감정을 읽어주고 공감하는 말은 아이에게 정서적인 안정감을 주고, 다시 일어날 수 있는 힘을 얻게 되며, 이는 곧 자신에 대한 긍정적인 인식으로 연결되어 자존감을 높이는 데 큰 힘이 되게 합니다.

지속적인 비난, 비교, 무시, 조롱과 같은 부정적인 언어는 아이의 자존감을 심각하게 훼손합니다. "넌 왜 이렇게 칠칠맞지 못하니?", "옆집 아이는 잘하는데 너는 왜 그래?", "그렇게 해서 뭐가 되겠니?"와 같은 말들은 아이에게 '나는 부족하고 쓸모없는 아이'라는 인식을 심어주고 낮은 자존감을 형성하게 만듭니다. 이러한 부정적인 메시지는 아이의 마음에 깊이 각인되어 어른이 되어서도 자신을 괴롭히는 내면의 비난 목소리가 될 수 있습니다.

 부모의 말 한마디는 아이의 자존감을 세우는 데 가장 강력한 도구이자, 때로는 자존감을 무너뜨리는 치명적인 무기가 될 수도 있습니다. 아이에게 사랑과 지지를 담은 긍정적인 언어를 꾸준히 건네는 것은 아이가 건강한 자존감을 가지고 행복하게 성장할 수 있도록 돕는 가장 중요하고도 기본적인 부모의 역할이라고 할 수 있습니다.

 그동안 많은 아동을 경험해 보면 가정에서의 긍정적인 양육태도와 부정적인 양육태도에 따라서 놀이 활동이나 체험활동을 할 경우, 도전적이고 긍정적이거나 두려워하며 우는 것으로 표현하기도 합니다. 그럴 때에는 대화를 하면서 안아주고 인정해 주며 함께 도와주게 됩니다. 그렇게 하나하나 풀어가게 되면 아이의 얼굴빛이 달라지면서 자존감이 쑥쑥 자라는 것을 느끼며 직접 경험해 보게 됩니다. 아이에게 가장 소중한 마음의 중심은 부모입니다. 어떻게 하면 부모의 마음에 들까!!, 어떻게 하면 부모에게 칭찬을 받을까 늘 생각하고 고민하고 있다는 것을 30여 년의 경험 속에서 매일 느끼게 됩니다. 어떠한 작품이나 교재를 마치고도 '엄마, 아빠에게 보여주어야지' '엄마 아빠가 좋아할 것 같아요.'라는 기대감을 가지며 가방에 챙겨 넣는 모습을 보며 부모에게 인정받고 칭찬받고 싶은 마음을 느낍니다. 기대에 어긋나지 않도록 집에 오면 칭찬을 많이 해주세요.

 부모의 언어는 아이의 자존감, 인간관계, 세상을 살아갈 힘의 근원이 됩니다. 아이는 부모의 말 속에서 자신을 만나고, 세상을 배웁니다. 말은 씨앗입니다. 따뜻한 말은 아이의 마음 밭에 튼튼한 나무를 키우고, 거친 말은 그 마음에 가시덤불을 심습니다. 오늘부터 아이에게 다음과 같은 말들을 건네 보세요. "너는 그 자체로 소중한 아이야." "실패해도 괜찮아, 다음에 더 잘할 수 있어." "항상 너를 믿고 응원해." "오늘도 힘내줘서 고마워."라는 격려의 말이 아이에게 큰 힘이 됩니다. 그 말들이 쌓여 아이는 자신을 사랑하고 세상을 사랑하는 법을 배우고, 세상을 향해 당당히 걸어가는 아이로 성장할 것입니다.

부모의 뒷모습,
아이에게 새겨지는 삶의 지혜

　우리는 흔히 자녀 교육이라고 하면 아이에게 무언가를 가르치고, 설명하고, 지시하는 '말'을 떠올립니다. 책을 읽어주고, 올바른 행동을 이야기해 주고, 세상의 이치를 설명해 주는 것 등 말이죠. 물론 이러한 언어적인 교육은 아이의 성장과 발달에 매우 중요합니다. 하지만 아이들은 부모의 말을 듣는 동시에, 어쩌면 그보다 더 많은 것을 부모의 '뒷모습'을 통해 배우며 성장합니다.

　'부모의 뒷모습'이란 부모가 의식적으로 가르치려 하지 않아도 아이가 보고 느끼는 부모의 행동, 습관, 가치관, 세상을 대하는 태도, 그리고 삶을 살아가는 방식 전체를 의미합니다. 아이들은 부모의 그림자처럼 뒤를 따라다니며 부모의 일상적인 모습, 기쁠 때나 슬플 때, 성공했을 때나 실패했을 때 부모가 어떻게 반응하고 대처하는지를 끊임없이 관찰하고 모방합니다. 부모의 뒷모습은 아이의 눈에 비친 세상의 첫 모습이자, 아이가 살아갈 삶의 방향을 가늠하는 나침반이 됩니다.

아이들은 부모가 약속 시간을 잘 지키는지, 물건을 정리정돈하는 습관이 있는지, 어려움에 부딪혔을 때 쉽게 포기하는지 아니면 끈기 있게 노력하는지 등을 부모의 뒷모습을 통해 배웁니다. 부모가 꾸준히 배우고 성장하려 노력하는 모습을 보인다면 아이 역시 배움의 즐거움을 자연스럽게 느끼고 스스로 발전하려는 동기를 얻게 됩니다. 반대로 부모가 노력하지 않아 무기력한 모습을 보인다면, 아이 역시 그러한 태도를 무의식적으로 배울 수 있습니다.

감정적인 측면에서도 부모의 뒷모습은 아이에게 큰 영향을 미칩니다. 부모가 자신의 감정을 어떻게 표현하고 조절하는지는 아이의 정서 발달에 중요한 모델이 됩니다. 스트레스 상황에서 짜증을 내거나 화를 내는 부모의 모습을 자주 본 아이는 자신도 그렇게 감정을 표현하는 것을 자연스럽게 여기기 쉽습니다. 반대로 부모가 힘든 상황에서도 차분하게 자신의 감정을 이야기하고 해결책을 찾으려 노력하는 모습을 보인다면, 아이 역시 건강하게 감정을 다루는 방법을 배우게 됩니다. 부모의 웃음소리, 따뜻한 표정, 지친 어깨에서도 아이는 많은 것을 느끼고 배웁니다.

대인 관계 맺는 방식 또한 부모의 뒷모습을 통해 학습됩니다. 부모가 서로를 존중하고 사랑하는 모습을 보인다면 아이는 건강한 관계가 무엇인지 배웁니다. 부모가 다른 가족 구성원이나 친구, 이웃에게 친절하고 배려하는 태도를 보인다면 아이 역시 타인에게 어떻게 대해야 하는지를 자연스럽게 익힙니다. 갈등 상황에서 부모가 대화와 타협으로 문제를 해결하려 노력하는 모습을 보인다면, 아이 또한 관계의 어려움을 해결하는 지혜를 배우게 됩니다.

부모의 가치관과 도덕성 역시 뒷모습으로 전달됩니다. 부모가 정직하게 행동하고, 약속을 지키며, 타인을 돕고, 사회적 책임을 다하는 모습을 보인다면 아이는 옳은 것과 그른 것을 구분하는 기준을 배우고 건강한 가치관을 형성합니다. 부모가 무심코 버리는 쓰레기 하나, 신호 위반 하나도 아이의 눈에는 그대로 각인되어 '세상은 이렇게 살아가는 곳'이라는 인식을 심어줄 수 있습니다.

물론 부모는 완벽할 수 없습니다. 모든 순간 아이에게 모범적인 '뒷모습'만 보여주기란 불가능합니다. 때로는 지치고 힘들어 약한 모습을 보일 수도 있고, 실수하거나 잘못된 판단을 할 수도 있습니다. 중요한 것은 완벽한 뒷모습을 보이려 애쓰는 것이 아니라, 아이가 부모의 뒷모습을 통해 무엇을 배우는지를 인지하고 의식적으로 노력하는 것입니다. 실수했을 때는 솔직하게 인정하고 '미안하다', '실수한 것 같다' '앞으로는 좀 더 배려해야겠다' '내 입장에서만 생각한 것 같다.' 등 사과하며 개선하려는 모습을 보여주는 것 또한 아이에게는 정직함과 책임감 그리고 사회적 관계 형성을 배우고 느끼는 중요한 '뒷모습'이 될 수 있습니다.

이처럼 아이에게 좋은 '뒷모습'을 보여주기 위해 부모는 먼저 자신을 돌보고 성장하려 노력해야 합니다. 부모 스스로가 행복하고 건강한 삶을 살아가는 모습이야말로 아이에게 줄 수 있는 가장 큰 가르침입니다. 자신의 일에 열정을 가지고 노력하는 모습, 어려움 속에서도 긍정적인 태도를 잃지 않는 모습, 자신과 타인을 사랑하고 존중하는 모습 등 부모의 삶 자체가 아이에게는 가장 생생하고 강력한 교육이 됩니다.

아이에게 좋은 본보기가 되기 위한 노력은 결국 부모 스스로가 건강하고 성장 발전하는 삶을 살아가는 것과 맞닿을 수 있습니다. 말로 가르치는 것 이상의 영향력을 가지는 '삶으로 보여주는 교육'을 위해 다음과 같은 노력을 해보시는 것은 어떨까요.

새로운 것을 배우는 데 열린 태도를 가지고 끊임없이 노력하는 모습을 보여주는 것이 필요합니다. 책을 읽거나, 강좌를 듣거나, 새로운 기술을 배우는 등 부모 스스로 배움의 즐거움을 느끼고 발전하려는 노력을 할 때, 아이는 자연스럽게 배움의 중요성을 느끼고 호기심을 가집니다. 저도 우리 자녀에게 또 다른 도전을 보여주기 위해 60세가 넘는 나이에 집필을 결심하게 되었습니다.

부모도 화가 나거나 스트레스를 받을 때 소리를 지르거나 물건을 던지는 대신, 잠시 시간을 갖고 마음을 진정시키거나 건강한 방법으로 감정을 표현하는 모습을 보여주는 겁니다. 어른들도 다양한 감정을 느낍니다. 중요한 것은 부정적인 감정을 어떻게 표현하느냐 입니다. 자신의 감정을 솔직하게 인정하고 "엄마/아빠 지금 좀 속상해"와 같이 언어로 표현하는 모습을 통해서 아이는 자신의 감정을 인지하고 조절하는 법을 배웁니다.

긍정적인 생활 습관을 유지하는 것도 중요합니다. 규칙적인 생활, 건강한 식습관, 꾸준한 운동 등 부모의 긍정적인 생활 습관은 아이에게 큰 영향을 미칩니다. 부모가 건강한 생활을 통해 활기차고 긍정적인 에너지를 보여줄 때, 아이 역시 건강의 중요성을 배우고 좋은 습관을 형성하는 데 많은 동기부여가 됩니다.

타인을 존중하고 배려하는 태도를 보여주는 것입니다. 가족 구성원 특히 엄마 아빠의 관계, 친구와 이웃, 그리고 사회의 다양한 사람들에게 존댓말을 사용하고 예의를 지키며 친절하게 대하는 모습을 아이에게 보여주는 겁니다. 다른 사람의 감정을 공감하고 어려움에 처한 사람을 도와주며 위로해 주고 하는 부모의 모습은 아이에게 타인과의 관계에서 중요한 가치인 존중과 배려, 그리고 공감 능력을 길러주게 됩니다.

때로는 약속을 지키는 믿음직한 모습을 보여줍니다. 아이에게 한 약속이든, 다른 사람과의 약속이든 언제나 책임감을 가지고 지키는 부모의 한결같은 모습은 아이에게 신뢰와 정직의 가치를 가르쳐 줍니다. 부득이하게 약속을 지키지 못했을 때는 솔직하게 이유를 설명하고 사과하는 모습 또한 중요한 배움이 됩니다.

실수와 실패를 대하는 태도도 아이에게 보여주는 겁니다. 부모도 실수를 할 수 있습니다. 중요한 것은 실수했을 때 스스로를 자책하거나 숨기는 대신, 실수를 인정하고 그로부터 배우려 노력하며 다시 도전하는 모습을 아이에게 보여주는 것입니다. "엄마, 아빠가 이거 잘못 생각했네. 다음에는 이렇게 해 봐야겠다" 와 같이 이야기하는 모습은 아이에게 실패를 두려워하지 않고 성장의 기회로 삼는 용기를 주게 됩니다.

일상 속 작은 일에도 언제나 감사함을 표현하고 긍정적인 면을 찾아 서로 이야기하는 부모의 태도는 아이에게 낙관적인 세상을 바라보는 시각을 심어주게 됩니다. "오늘 날씨가 좋아서 너무 기분이 좋다", "네가 ~해주니 정말 고마워"와 같이 긍정적인 언어를 자주 사용하는 것과 '감사합니다.' '고맙습니다.' '덕분입니다.'라는 표현을 하는 것이 좋습니다.

부모 스스로 자신의 몸과 마음을 돌보고 행복을 추구하는 모습을 보여주는 것은 매우 중요합니다. 엄마, 아빠도 휴식이 필요하고, 좋아하는 것을 할 시간이 필요하다는 것을 아이에게 자연스럽게 보여줄 때, 아이는 자신 또한 소중한 존재이며 스스로를 돌보는 것이 중요하다는 것을 느끼고 배우게 됩니다.

이러한 노력들은 완벽함을 요구하는 것이 아닙니다. 요즈음 세상을 살아가기가 녹록지 않고 힘들기도 하며 부모도 인간이기에 때로는 부족한 모습을 보일 수도 있고 지칠 때도 있습니다. 하지만 아이 앞에서 정직하고 진솔한 모습으로 삶을 대하고, 좋은 사람이 되기 위해 꾸준히 노력하는 부모의 '뒷모습'이야말로 아이에게 줄 수 있는 가장 값진 유산이 될 것입니다. 그렇게 하여 아이들의 눈에 서로 사랑하고 아끼는 부모의 참사랑 안에 같이 하나가 되고 싶은 마음을 갖도록 최선의 모습을 보여주어야 할 것입니다.

우리 원에서는 교사들이 아이들 앞에서 표준어를 사용하며 감정에 치우치지 않고 어떠한 상황이 있을 때 서로의 의견을 들어보고 스스로 판단할 수 있도록 방향을 알려줍니다. 아이들도 스스로 어떠한 일이 바른 일인지는 다 느끼고 있습니다. 그러나 순간적인 감정 조절이 되지 않아 화를 내거나 다툴 때도 있으나 본인의 행동에 대하여 잘못을 느끼고 사과를 합니다. 이런 일들에서 교사는 먼저 상황을 파악하기 전에 재판관의 역할을 하지 않습니다. 또한 아이들 앞에서 가급적 모범이 되어 아이들이 보고 배울 수 있도록 준비하고 노력을 합니다. 2, 3세 영아들도 언어는 서툴지만 보고 느낀 것을 모두 표현하게 됩니다. 그럴 때 교사는 단어로 표현해주어 하나씩 습득해 나갈 수 있도록 해주지요.

가정에서도 우리 자녀를 존중해 주어 마음으로 느끼게 해주어야 합니다. 우리는 흔히 가르치고 지시하고 알려줘야 하는 것으로 생각할 수도 있으나 아이들은 어떠한 것도 느끼고 익히려는 마음과 생각을 가지고 있기 때문에 부드러운 눈빛과 친절한 설명으로 대해 주면서 기다려준다면 서툴지만 아이의 눈높이만큼 모든 것 해나갈 수 있습니다. 아이들은 부모님의 끝없는 사랑과 표정을 바라보며 세상을 배워 나갑니다. 부모님들께서 성급함보다는 스스로 생각하고 결정하도록 기다려주는 것이 가르침입니다.

유대인 교육에서 배우는
자녀의 자율성 존중

　세계적으로 우수한 인재를 다수 배출하고 있는 유대인의 자녀교육은 오랜 시간에 걸쳐 그 탁월함이 입증되어 왔습니다. 하버드대, MIT, 옥스퍼드 등 세계 명문대학의 교수진과 학생, 노벨상 수상자, 글로벌 기업의 창업자와 경영자들 가운데 유대인의 비율이 매우 높은 것은 단순한 우연이 아닙니다. 그들의 독특한 교육 철학과 실천 방식은 단지 학문적인 우수성에 그치지 않고, 사고력, 자율성, 공동체 의식, 정체성까지 두루 발달된 인격을 형성하는 데 기여하고 있습니다.

　유대인 교육의 핵심은 가정에서 시작되어 공동체로 확장되며, 아이의 자율성과 비판적 사고, 학문에 대한 흥미를 자연스럽게 길러주는 데 있습니다. 특히 탈무드를 중심으로 한 토론 교육, 부모의 깊이 있는 관심과 존중, 일상에서의 철저한 훈련과 질문 중심의 교육 태도는 우리에게 많은 의미를 제공합니다. 유대인의 자녀교육이 어떤 철학과 방식 위에 세워졌는지를 살펴보고, 이를 통해 우리가 자녀 교육에서 실천할 수 있는 유익한 요소들을 모색해보고자 합니다. 단순히 지식 습득에 치우치지 않고, 인격과 태도를 기르고 스스로 학습할 수 있는 힘을 기르는 데 초점을 맞춘 유대인의 교육방식은 우리 아이들에게도 깊은 시사점을 줄 수 있을 것입니다.

유대인의 교육은 가정에서 시작됩니다. 유대인 부모는 아이가 태어난 순간부터 교육자로서의 책임을 인식하고, 일상에서 자녀에게 지식을 전하며 삶의 태도를 가르칩니다. 가족 식사 시간은 중요한 교육의 기회가 되며, 부모와 자녀 간의 대화 속에서 자연스럽게 가치관과 사고방식이 전해집니다. 부모는 단순히 지시하는 존재가 아니라, 아이와 함께 배우고 질문을 던지는 대화자입니다.

유대인 교육의 핵심은 탈무드 학습입니다. 탈무드는 단지 종교 경전이 아니라, 끊임없는 질문과 토론을 통해 사고력을 기르는 도구입니다. 아이들은 어릴 때부터 '왜?', '어떻게?'라는 질문을 던지고, 이에 대해 스스로 답을 찾는 훈련을 받습니다. 이는 단편적인 지식의 암기를 넘어서 논리적인 사고력과 자기 주도적 학습 능력을 키워 줍니다. 친구나 선생님과의 토론은 지식을 더 깊이 있게 이해하고 다양한 관점을 배우는 기회를 제공합니다.

유대인은 아이가 질문을 많이 하는 것을 매우 긍정적으로 여깁니다. 질문은 단순한 호기심의 표현이 아니라, 배우고자 하는 의지의 신호이며 사고의 확장입니다. 아이가 "왜 이렇게 해야 해요?"라고 물을 때, 유대인 부모는 짜증내거나 무시하지 않고 함께 생각해 보며 대화를 이어갑니다. 이렇게 질문을 장려하는 분위기는 아이의 창의력과 비판적 사고를 자라게 합니다.

유대인 가정에는 책이 많습니다. 특히 유대교 경전 외에도 역사, 과학, 철학, 문학 등 다양한 분야의 책이 아이 손이 닿는 곳에 놓여 있습니다. 부모는 자녀에게 책을 읽어주고, 함께 책에 대해 이야기를 나누며 자연스럽게 독서 습관과 사고의 깊이를 형성해 줍니다. '책 속에 답이 있다'는 인식은 자녀 스스로 학습하고 탐구하는 힘을 길러줍니다.

유대인 교육은 실패를 부정적으로 보지 않습니다. 오히려 실패를 통해 배우고 성장할 수 있는 기회로 여기며, 아이가 도전하고 실수할 수 있는 자유를 허용합니다. 실패에 대한 두려움을 줄이면 아이는 새로운 시도에 적극적으로 나설 수 있으며, 이는 자기 주도적이고 창의적인 태도를 형성하는 데 매우 중요합니다.

유대인은 민족적, 종교적 정체성을 매우 중시하며 자녀 교육의 중요한 기반으로 삼습니다. 아이는 자신이 누구인지, 어떤 역사와 문화를 지녔는지를 배우며 강한 소속감과 자존감을 형성합니다. 또한 공동체 속에서 나눔과 배려를 실천하며 자라기 때문에 사회적 책임감과 연대 의식이 자연스럽게 몸에 배게 됩니다.

유대인의 자녀교육은 지식을 넘어 삶의 태도, 사고의 방식, 그리고 공동체 속 인간으로서의 자세를 길러주는 전인교육입니다. 그들의 교육방식은 가정에서 시작되어 사회로 확장되며, 끊임없는 질문과 대화를 통해 깊이 있는 인격을 형성해 나갑니다. 오늘날 빠르게 변화하는 사회 속에서 우리 아이들이 창의적이고 자율적으로 성장하길 바란다면, 유대인의 교육 철학에서 많은 영감을 얻을 수 있을 것입니다. 그 사례를 몇 가지 들어보겠습니다.

마크 저커버그(Facebook 창업자)는 전통적인 유대인 교육방식으로 성공한 인물입니다. 그의 부모님은 그에게 끊임없는 질문과 토론을 장려했습니다. 저녁 식사 시간이 중요한 토론의 장이었으며 부모님은 그가 자신의 생각을 논리적으로 표현하도록 격려했습니다. 이러한 교육방식은 '하브루타'(짝을 이루어 토론하며 학습하는 방식)와 일맥상통합니다. 저커버그 아버지는 치과의사였지만 컴퓨터에도 관심이 많았고, 어린 마크가 프로그래밍에 관심을 보이자 이를 적극 지원했고 그의 관심사를 존중하고 자율성을 키워주었습니다. 그가 11살 때 아타리 BASIC 프로그래밍을 배울 수 있도록 개인 교사를 붙여주기도 했습니다. 그는 대학에 입학했을 때, 페이스북 아이디어를 실현하기 위해 학업을 중단하였고 부모님은 그의 결정을 존중하고 지지해 주었습니다. 결과적으로 저커버그는 세계적인 기업가로 성장했으며, 그가 창업한 페이스북(현 메타)은 글로벌 기업으로 성장했고 그는 자신이 받은 유대인 교육의 가치를 인정하며 자신의 자녀들에게도 유대인 전통과 가치를 가르치게 되었습니다.

로버트 레프코위츠는 유대인 가정에서 자랐습니다. 노벨 화학상 수상자인 그는 부모님이 전통적인 유대인 교육방식에 따라 자녀의 질문을 중요시했고, 토론과 대화를 통해 스스로 생각하는 힘을 기르도록 해주었습니다. 어린 시절 과학에 관심이 많았지만, 학교에서는 그다지 뛰어난 성적을 거두지 못했습니다. 그러나 그의 부모님은 그의 관심사를 존중하고 지원했습니다. 특히 저녁 식사 시간에는 가족 모두가 모여 그날 있었던 일이나 관심 있는 주제에 대해 토론하는 시간을 가졌습니다.

부모님은 "왜?"라는 질문을 자주 던지도록 격려했고, 그가 스스로 답을 찾아가는 과정을 인내심 있게 지켜봐 주었습니다. 그러한 교육방식이 그가 과학자로서 비판적 사고와 창의적 문제 해결 능력을 발달시키는 데 큰 도움이 되었습니다. 결국 그는 의학과 생화학 분야에서 중요한 발견을 이루어 2012년 노벨 화학상을 수상하게 되었습니다. 그는 자서전에서 부모님이 보여준 자율성 존중과 질문을 장려하는 교육방식이 자신의 과학적 호기심과 탐구 정신을 키우는 데 결정적인 역할을 했다고 회고했습니다.

앨버트 아인슈타인 그는 어린 시절 말을 늦게 시작했고 학교에서도 뛰어난 학생이 아니었습니다. 당시 그의 부모님은 주류 교육방식과 달리 아인슈타인의 호기심과 자율성을 존중했습니다. 그의 아버지는 아들에게 나침반을 선물했는데, 이것이 어린 아인슈타인의 호기심을 자극했습니다. 부모님은 그가 질문을 할 때마다 답을 바로 주기보다 스스로 생각하고 탐구할 수 있도록 격려했습니다. 특히 학교 성적이 좋지 않았을 때도 억압하거나 비난하지 않고, 그의 관심사를 존중하며 자율적인 학습 환경을 제공했습니다. 결국 그는 자신만의 방식으로 사고하고 능력을 키웠고, 이후 그는 [상대성 이론]과 같은 혁신적인 이론을 발표하였다. 그의 부모가 보여준 자율성 존중과 인내는 20세기 최고의 과학자를 키워낸 교육방식으로 평가받고 있습니다.

전 세계 IQ 평균이 85~100인 반면에 대한민국은 IQ(105~108)가 가장 우수한 나라 중 하나입니다. 교육열 또한 전 세계 최고 수준으로 사교육 참여율 1위, OECD 국가 중 학업성취도 평가(PISA)에서 수학, 과학 최상위권을 유지하고 있으며 대학 진학률도

OECD 평균보다 훨씬 높은 나라이며 학교 공부 시간도 초·중·고 학생들의 하루 평균 7~10시간 이상(방과후 포함)이며 자녀의 명문대 진학에 대한 기대와 사교육비 지출 또한 세계 최고 수준입니다.

이러한 대한민국의 높은 교육열과 학업성취도는 분명 긍정적인 면도 있지만, 동시에 유대인 교육 철학에서 배울 점도 많습니다. 유대인 교육이 단순히 지식 습득을 넘어 아이의 자율성과 비판적 사고력 그리고 전인적인 인격 형성에 초점을 맞추는 것처럼, 우리도 아이들이 스스로 생각하고 질문하며, 실패를 두려워하지 않고 도전하는 힘을 길러줄 수 있는 교육 환경을 고민해 볼 필요가 있습니다. 이는 궁극적으로 우리 아이들이 급변하는 미래 사회에서 창의적이고 주도적인 인재로 성장하는 데 중요한 밑거름이 될 것이라고 믿습니다.

제 2 장

아이들의 눈으로 본 세상: 32년 교육현장의 지혜

기본에 충실한
흔들리지 않는 뿌리

우리는 때때로 화려하고 복잡한 것, 눈에 띄는 특별한 것에 현혹되기 쉽습니다. 최신 기술, 남다른 비법, 단번에 성공하는 방법론 등에 관심을 기울이곤 합니다. 하지만 오랜 시간 교육 현장에서 아이들을 지켜보고, 또 제 삶의 여정을 바라보며 가장 절실하게 깨달은 진리는 바로 "기본에 충실하는 것"이었습니다. 어떤 상황에서도 흔들리지 않는 단단한 기초를 만들고 꾸준한 성장을 이루는 가장 확실한 방법이라는 것입니다. 화려해 보이는 모든 것의 뒤에는 반드시 묵묵히 기본을 지키는 힘이 숨어 있습니다. 옛 속담에 세 살 버릇 여든 간다고 하였습니다.

유아교육에서도 '기본'의 중요성은 아무리 강조해도 지나치지 않습니다. 아이들이 처음 배우고 익히는 인사예절, 기본생활 습관, 남을 배려하는 마음, 친구와 사이좋게 지내는 법, 자신의 물건을 정리하는 습관, 학교 가서 공부를 잘할 수 있는 기본학습 등 이 모든 것이 아이들이 세상을 살아가면서 필요한 가장 기본적인 태도와 능력입니다. 조급한 마음에 아이에게 당장 눈에 보이는 성과

만을 요구하기보다는, 아이가 이러한 기본적인 학습 능력과 기본 생활 습관을 탄탄하게 다질 수 있도록 도와주는 것이 훨씬 중요합니다.

기본이 단단해야 그 위에 어떤 건물을 쌓아도 무너지지 않기 때문입니다. 숫자의 원리를 제대로 이해하지 못한 채 단순히 계산 공식만 외운 아이는 조금만 변형된 문제가 나와도 해결하지 못합니다. 친구와 소통하고 배려하는 기본을 배우지 못한 아이는 뛰어난 지식을 가지고 있더라도 건강한 관계를 맺는 데 어려움을 겪습니다. 기본적인 정리 습관이 되어 있지 않은 아이는 복잡한 일을 체계적으로 처리하는 데 서툴 수밖에 없습니다. 이처럼 기본은 다음 단계로 나아가기 위한 필수 조건이며, 모든 복잡한 문제 해결의 출발점입니다.

그동안 우리 원에서도 좋은 습관이 뿌리를 내리도록 기본에 충실히 하고 있습니다. 처음에는 특별하고 재미있는 프로그램에 집중해야 아이들이 좋아하고 부모님들도 만족할 것이라고 생각한 적도 있었습니다. 하지만 시간이 지날수록 아이들의 성장에는 화려한 이벤트보다 매일 반복되는 일상 속에서 기본적인 습관을 잘 형성하는 것이 훨씬 중요하다는 것을 깨달았습니다. 아침에 일어나 스스로 옷 입기, 밥 먹기 전에 손 씻기, 친구에게 먼저 인사하기, 놀이 후에 장난감 정리하기 등 사소해 보이는 이러한 기본 습관들이 아이의 자기 조절 능력, 사회성, 책임감을 키우는 중요한 밑거름이 되었습니다. 이러한 기본이 잘 잡힌 아이들은 새로운 학습이나 활동에도 훨씬 잘 적응하고 더 큰 성취를 이루는 것을 볼 수 있었습니다.

공부의 기본은 교과서의 기초 개념을 정확히 이해하고, 쉬운 문제부터 차근차근 풀어보는 것입니다. 어려운 심화 문제에 매달리기보다 기본적인 원리를 확실히 내 것으로 만들 때, 어떤 문제가 나와도 응용하여 해결할 수 있는 진짜 실력이 쌓아져 갑니다.

일에서 기본은 맡은 업무의 가장 핵심적인 목표를 파악하고, 약속 시간을 지키며, 동료와 예의를 갖춰 소통하는 것입니다. 번지르르한 포장보다 주어진 일을 성실하고 정확하게 처리하는 기본이 신뢰를 쌓고 성공으로 이끌게 됩니다. 관계 속에서의 기본은 상대방의 이야기에 귀 기울이고, 상대방의 입장을 이해하려 노력하며, 고마운 마음을 표현하는 것입니다. 특별한 이벤트보다 일상 속에서 서로를 존중하고 배려하는 기본적인 태도가 깊고 단단한 관계를 만듭니다. 건강에서의 기본은 충분한 수면을 취하고, 균형 잡힌 식사와 수분 섭취를 하며, 꾸준한 운동과 긍정적인 마음을 갖고 감사하며 사는 것입니다. 유행하는 특별한 운동법이나 식단에 의존하기보다 규칙적이고 건강한 생활 습관이라는 기본이 건강한 삶을 유지하는 가장 중요한 요소입니다.

하지만 우리는 왜 종종 기본을 간과하고 특별한 것에만 매달리는 걸까요. 아마도 기본은 눈에 띄지 않고 지루하며, 그 효과가 단번에 나타나지 않기 때문일 것입니다. 화려한 결과물보다는 묵묵히 기초를 다지는 과정은 인내와 꾸준함을 요구합니다. 그러나 바로 그 인내와 꾸준함 속에서 진짜 '실력'과 '성장'이 이루어집니다.

'기본에 충실하라'는 것은 완벽함을 요구하는 것이 아닙니다. 때로는 실수하고 넘어지더라도 괜찮습니다. 중요한 것은 다시 기본으로 돌아가 부족한 부분을 채우고 다시 시도하려는 마음가짐입니다. 건물을 지을 때 기초 공사가 제일 중요하듯이 아이들 키울 때도 유아기가 제일 중요합니다. 처음부터 모든 기본을 완벽하게 해낼 수는 없습니다. 실수하고 잊어버리기도 합니다. 그때마다 다그치기보다는 인내심을 가지고 반복해서 가르치고 격려하며 기본이 습관으로 만들어지도록 기다리며 도와주어야 합니다.

우리가 사는 세상은 점점 더 빠르게 변화하고 복잡해지고 있습니다. 이러한 세상에서 흔들리지 않고 자신만의 길을 꿋꿋하게 걸어가기 위해서는, 유행에 휩쓸리거나 단기적인 성과에만 연연하지 않는 단단한 내면의 힘이 필요합니다. 그리고 그 힘은 바로 '기본에 충실한 삶'에서 비롯됩니다. 정직함, 성실함, 꾸준함, 책임감, 배려심 등 세상을 살아가면서 반드시 필요한 인격적인 기본, 그리고 각자의 분야에서 요구되는 학습적, 직업적인 기본을 묵묵히 지켜나갈 때, 우리는 어떤 어려움 속에서도 길을 잃지 않고 꾸준히 성장하며 자신만의 빛깔로 세상을 아름답게 만들어갈 수 있습니다.

가정에서도 기본습관이 잘되도록 다음과 같이 해 줘야 합니다. 정해진 시간에 식사하고 잠자리에 들기, 약속 지키기, 순서 기다리기 등 기본적인 생활 규칙을 배우고 따르는 과정에서 아이는 자신의 욕구를 조절하고 인내하는 힘을 기르게 해줍니다. 이는 아이의 자기 조절 능력 발달에 매우 중요하며, 나아가 학교생활이나 사회생활에 필요한 기초 질서 의식을 길러주는데도 큰 도움이 됩니다.

정리정돈하는 기본생활 습관은 사용한 물건 제자리에 놓기와 입은 옷 정리하기 등 기본적인 정리 습관을 통해 아이는 자신의 물건을 소중히 여기고 주변 환경을 깨끗하게 유지하는 책임감을 배우게 됩니다. 이는 체계적으로 사고하고 일을 처리하는 능력의 기초가 됩니다. 건강한 생활 습관을 위해 올바른 식습관, 청결 습관(손 씻기, 양치하기), 규칙적인 운동 등 기본적인 건강 습관은 화려한 외식이나 영양제가 아니라 정해진 세끼의 식사가 중요하며 이러한 습관이 아이의 신체적 건강을 증진시키고, 이는 활발한 학습과 활동에 필요한 에너지를 얻게 됩니다.

기본습관을 형성하기 위해서는 기본적인 과제나 습관을 성공적으로 해냈을 때 아이는 스스로에 대한 긍정적인 감정(성취감)을 느끼고 자신감이 생깁니다. '나는 할 수 있다'는 긍정적인 믿음은 더 어려운 목표에 도전하는 원동력이 됩니다.

타인과의 긍정적 관계를 유지하기 위해서는 친구에게 먼저 인사하기, "고마워", "미안해" 표현하기, 함께 나누기, 다른 사람의 말을 경청하기 등 기본적인 예절과 소통 방식을 배운 아이는 또래 및 어른들과 원만한 관계를 맺을 수 있습니다. 기본적인 사회적 기술은 아이가 집단생활에 잘 적응하고 긍정적인 상호작용을 하는 데 중요한 관계 형성이 됩니다.

존중과 배려하는 태도는 기본적인 예절을 지키고 타인의 감정을 고려하는 연습으로 이는 자신과 타인을 존중하는 태도를 배우게 되는 것입니다. 이것은 아이의 마음과 인성 발달에 중요한 영향을 미치게 되며, 더불어 사는 사회 구성원으로서 필요한 기본적인 덕목을 갖추게 되는 것입니다.

우리 원에서는 아이들의 기본 생활 습관을 지도하는 것을 넘어, 아이의 자율성과 자기 조절력, 사회성 발달까지 통합적으로 고려합니다. 기초 학습에 있어서도 어휘력과 문해력을 먼저 익히고, 스스로 학습을 이끌어갈 수 있는 자기 주도적 힘을 기를 수 있도록 도와주며 섬김과 배려의 태도도 기본적인 일상에서 지속적으로 길러줍니다. 가정에서도 마찬가지입니다. 아이의 작은 성취에 칭찬과 격려를 아끼지 않고, 자율성과 책임감을 주며, 부모가 믿고 기다려주는 태도는 아이의 자존감과 자기 주도력을 키우는 가장 큰 동력이 됩니다. 이처럼 기본은 곧 '아이의 삶을 지탱하는 기둥'입니다. 빠르게 변화하고 복잡해지는 세상 속에서도 흔들리지 않고 자기 길을 걸어가는 힘. 그 힘은 화려함이 아니라, 정직함, 성실함, 꾸준함, 배려심, 책임감이라는 삶의 기본에서 나옵니다.

가정에서도 기본 생활 습관을 바르게 익히고 기본예절과 배려와 존중을 익히고 모든 일에 감사할 수 있는 밝고 명랑하도록 자존감을 세워주며 스스로를 이끌어 갈 수 있도록 도와주며 자율성과 책임감을 주어 자기 관리를 주도적으로 할 수 있도록 믿고 기다려주는 것이 중요합니다. 아이들이 그 힘을 내면에 단단히 심고, 앞으로의 삶을 당당하게 살아갈 수 있도록, 부모와 교육자가 함께 '기본에 충실한 교육'을 일관되게 실천해 나가야 할 때입니다.

꾸준함으로
아이의 좋은 습관을 디자인하다

우리는 모두 행복하고 성공적인 삶을 꿈꿉니다. 때로는 화려한 성공 사례를 보며 특별한 재능이나 엄청난 기회가 있어야만 가능하다고 생각하기도 합니다. 하지만 저는 그동안 많은 아이들의 성장을 지켜보고 느낍니다. 가장 위대한 성취와 가장 단단한 삶은, 눈에 잘 띄지 않는 기본은 습관으로부터 만들어내는 힘에서 시작된다는 것을 알게 되었습니다. 화려한 장식보다 튼튼한 기초 공사가 중요하듯, 우리의 삶 또한 기본적인 원칙과 습관이 얼마나 단단한가에 따라 그 높이와 깊이가 달라집니다.

아이들에게 '기본'을 가르치는 것은 유아교육의 핵심입니다. 인사하기, 친구와 나누기, 자신의 물건 정리하기, 정해진 시간에 식사하기 등…. 이 모든 것들은 아이가 세상 속에서 더불어 살아가고 스스로를 돌보는 데 필요한 가장 기본적인 기술이자 태도입니다. 우리는 아이가 이러한 기본을 '알고 있다'는 것에서 멈추지 않고, 그 기본이 아이의 삶 속에 자연스럽게 녹아들어 '습관화' 되도록 도와야 합니다.

그동안의 경험 속에서 이 '습관화된 기본'의 위력을 수없이 목격했습니다. 처음 원에 와서 낯설고 어색해하던 아이들이 매일 반복되는 일과 속에서 기본적인 생활 습관(정해진 시간에 간식 먹기, 낮잠 자기, 화장실 다녀오기 등)을 익히면서 점차 안정감을 찾고 편안하게 적응해 나가는 모습을 보았습니다. 친구와 갈등이 생겼을 때 "미안해", "괜찮아"라고 말하는 습관, 도움이 필요할 때 "도와주세요"라고 표현하는 습관이 잘 잡힌 아이들은 또래 관계에서도 훨씬 긍정적인 상호작용을 했습니다. 이러한 기본적인 습관들이 아이들이 더 넓은 세상으로 나아가 배우고 성장하는 데 필수적인 준비 과정임을 확신하게 되었습니다.

'기본이 습관화되게 하라'는 메시지는 비단 아이들뿐만 아니라 어른들에게도 매우 중요합니다. 우리가 일상 속에서 많은 어려움이나 좌절은 종종 기본이 습관화되지 않았기 때문에 발생합니다.

물론 기본을 습관으로 만드는 과정은 쉽지 않습니다. 때로는 귀찮고 지루하게 느껴지기도 하고, 익숙하지 않아 어색하기도 합니다. 수없이 반복하고 실패하며 다시 시도해야 하는 인내의 시간이 필요합니다. 하지만 바로 그 꾸준함과 반복 속에서 우리의 의지는 단련되고, 습관이라는 강력한 힘을 얻게 됩니다. 처음에는 의식적으로 노력해야 했던 행동들이 시간이 지나면 저절로 몸에 배어 자연스럽게 흘러가게 됩니다.

아이들에게 기본을 습관화하도록 돕는 것은 부모와 교사의 중요한 역할입니다. 아이가 기본을 익히는 과정을 인내심을 가지고 기다려주고, 반복해서 알려주며, 작게라도 성공했을 때 아낌없는 칭찬과 격려를 보내주어야 합니다. 실수하더라도 괜찮다고 다독여주고 다시 해볼 수 있도록 기회를 주어야 합니다. 가장 중요한 것은 부모나 교사 스스로가 기본적인 원칙을 지키고 습관화된 삶을 살아가는 모습을 아이에게 보여주는 것입니다.

기본적인 습관을 아이의 삶 속에 뿌리내리고 꾸준히 유지하게 돕는 것은 단거리 경주가 아니라 마라톤과 같습니다. 인내심과 꾸준함, 그리고 아이의 발달 단계에 대한 이해가 필요하며 가장 중요한 것은 일관성입니다.

아이에게 기본적인 습관을 길러주고 그것을 마음에 새기고 자리잡게 하기에는 부모님의 협조와 꾸준한 애정과 격려가 필요합니다. 아이가 기본적인 습관을 익히고 유지하는 데 있어 부모나 교사의 일관성이 가장 중요합니다. 어떤 날은 괜찮다고 했다가 다음 날은 안 된다고 하거나, 부모의 기분에 따라 규칙이 바뀌면 아이는 혼란스러워하고 습관 형성에 어려움을 겪게 됩니다.

생활 리듬에 자연스럽게 녹여내게 하는 습관은 말이나 언어가 아니라 특정 상황이나 시간과 연결될 때 더 쉽게 형성되고 유지됩니다. 기본적인 습관을 아이의 일상적인 생활 리듬(아침 일과, 식사 시간, 잠자리 들기 전 등)에 자연스럽게 연결해 주셔야 합니다. "밥 먹기 전에 손 씻기", "잠자리에 들기 전에 양치하고 책 읽기"와 원에 다녀와서 옷 정리하고 손을 씻게 하는 것과 같이 순서를 정해주면 아이는 다음에 무엇을 해야 할지 예측하고 스스로 준비하려는 마음을 갖게 됩니다. 처음에는 부모가 함께 이끌어 주다가 점차 아이 스스로 하도록 기회를 주며 또한 시각적인 도구를 활용해 보는 것도 좋습니다.

어린아이들은 추상적인 설명이나 말보다 눈으로 보고 이해하는 것에 더 익숙합니다. 습관 형성 과정을 시각적으로 보여주는 도구는 아이의 참여와 동기를 이끌어내는 데 아주 효과적입니다. '습관 달력'이나 '칭찬 스티커 판'을 만들어보세요. 양치하기, 스스로 옷 입기 등 기본적인 습관 항목을 그림이나 글자로 표시하고, 성공할 때마다 스티커를 붙여 성취감을 느끼게 합니다. 아이가 좋아하는 캐릭터 스티커를 사용하거나, 목표를 달성했을 때 작은 보상(칭찬, 아이가 좋아하는 활동 함께 하기 등)을 연결하는 것도 아주 좋은 방법입니다.

결과보다 노력하는 과정을 칭찬해 주셔야 합니다. 습관을 꾸준히 유지하는 것은 결과만큼이나 과정에서의 노력이 중요합니다. 완벽하게 해냈을 때뿐만 아니라, 습관을 지키려고 노력하는 과정 자체에 대해서 구체적으로 칭찬하고 격려해 주세요. "스스로 양말을 신으려고 끝까지 노력하는 모습이 정말 멋지다!", "오늘 아침에도 잊지 않고 인사해 줘서 고마워", "장난감을 통에 담는 것을 보니 스스로 정리하는 힘이 많이 생겼네!"와 같이 아이의 행동과 노력에 초점을 맞춘 칭찬은 아이에게 '나는 할 수 있다'는 긍정적인 자아 효능감을 심어주고 꾸준히 노력할 동기가 중요합니다.

좋은 습관 형성을 기르기 위해 즐거운 놀이로 구성하여 적응해 보는 것도 지루하거나 강압적이지 않고 즐겁게 습관화를 만들어주는 것도 하나의 팁입니다. 양치할 때 신나는 양치 노래 부르기, 정리할 때 '누가 더 빨리 정리하나' 경주하기, 옷 입을 때 인형 옷도 함께 입혀주기 등 놀이 요소를 결합하면 아이는 즐거운 마음으로 습관 형성에 참여합니다. 부모님께서 먼저 즐겁게 시범을 보이거나 함께 참여하는 것도 좋은 방법이기도 합니다.

아이는 부모의 말보다 행동을 통해 더 많은 관심을 보이기 때문에 부모님께서 아이에게 길러주고 싶은 기본적인 좋은 습관들을 스스로 실천하는 모습을 보여주는 것도 강력한 교육 방법입니다. 아침에 일어나자마자 스스로 이불 정리하기, 식사 후 설거지 바로 하기, 사용한 물건 제자리에 두기 등 부모님께서 기본적인 생활 습관을 잘 지키는 모습을 자연스럽게 보여주면 아이는 부모의 모습을 보며 '이것이 당연한 것이구나'라고 인지하고 따라 하게 될 것입니다.

좋은 습관은 하루아침에 만들어지지 않습니다. 아이가 실수를 하거나 다시 이전으로 돌아가는 것처럼 보일 때도 있습니다. 그때마다 실망하거나 다그치기보다는 인내심을 가지고 기다려주고 다시 시도할 수 있도록 격려해 주어야 합니다. 습관을 지키지 못했을 때 강하게 야단치기보다는 차분하게 다시 한번 알려주고 함께 해보도록 이끌어주는 것이 효과적입니다. "양치 안 했네! 빨리 가서 해!"보다는 "우리 양치할 시간인데, 같이 가서 치카치카 할까?"와 같이 부드럽게 유도하는 것이 좋습니다. 시간이 걸리더라도 꾸준히 반복하는 것이 중요합니다.

좋은 습관을 기르기 위해서는 작게 나누어 시작해 보는 것도 요령입니다. 아이의 나이와 발달 수준에 맞춰 습관 형성 목표를 너무 많거나 어렵게 잡지 않는 것이 매우 중요합니다. 한 번에 한두 가지 습관에 집중하고, 그것이 어느 정도 익숙해지면 다음 단계로 넘어가는 것이 좋습니다. 처음에는 "먹고 난 그릇 식탁에 놓기"부터 시작해서 익숙해지면 "그릇 싱크대에 넣기"로 발전시키거나, "양치하기"를 "칫솔에 치약 묻히기" ->

"앞니 닦기" -〉 "어금니 닦기"와 같이 세부 단계로 나누어 목표를 설정하고 성취감을 느끼게 해주는 것도 매우 좋습니다.

이렇듯 기본적인 좋은 습관을 꾸준히 유지하는 것은 아이에게 스스로 삶을 통제하고 책임지는 힘을 길러주는 가장 중요한 과정입니다. 이 과정에서 부모님의 따뜻한 관심과 일관된 태도, 그리고 긍정적인 격려는 아이가 흔들리지 않고 단단한 습관의 나무를 키워나가는 데 없어서는 안 될 귀한 밑거름이 됩니다.

원에서는 하루일과표를 중심으로 놀이처럼 즐겁게 좋은 습관을 형성할 수 있도록 돕습니다. 친구들과 함께하는 과정은 아이에게 사회성과 자기조절 능력도 함께 길러줍니다. 3월이 시작되었을 때는 칭찬스티커를 활용하여 기본생활 습관부터 집중하여 분위기를 조성하면서 습관화되도록 도와줍니다. 신발 바르게 놓기, 인사하기, 물품 제자리 놓기, 겉옷을 벗어서 정리하기 선생님께 드려야 할 것 챙기기 등을 차분히 스스로 생각나서 할 수 있도록 지켜보고 기다려 줍니다.

가정에서는 등원 시에 편안한 복장으로 지퍼나 단추를 이용하거나 끈으로 매는 신발보다는 고무줄로 된 바지나 혼자도 벗고 입을 수 있는 복장과 신발을 선택하여 줍니다. 그리고 등원 전에 가정에서 놀이로 옷을 입어보거나 신발을 신어보는 것도 유익합니다. 편안한 분위기 속에서 자신감을 얻을 수 있으며 부모님의 따뜻한 격려와 인내로 아이의 일상 속 습관을 칭찬과 함께 만들어주시면 더욱 용기를 얻을 것입니다. 또한 식사 전 손 씻기, 놀이 후 장난감 정리, 잠자기 전 책읽기 이런 작고 반복되는 행동들이 아이를 스스로 책임지는 사람으로 성장시키는 디딤돌이 됩니다.

좋은 습관은 아이의 삶을 단단히 붙드는 뿌리와 같습니다. 이 뿌리가 깊게 내려갈수록, 아이는 삶의 어떤 계절에도 흔들림 없이 자신만의 나무를 키워낼 수 있습니다. 반복과 일관성, 그리고 부모의 따뜻한 모델링이 만들어낸 습관은 아이의 인생을 변화시키는 가장 확실한 힘이 됩니다.

글자에 앞서
책과 친구가 되는 법

아이들은 태어나면서부터 세상을 온몸으로 경험하며 배웁니다. 눈으로 보고, 귀로 듣고, 손으로 만지고, 입으로 맛보며 오감으로 세상을 탐색 합니다. 언어를 배우는 과정 또한 마찬가지입니다. 부모의 목소리를 듣고, 다양한 소리를 구분하며, 단어와 문장의 의미를 이해하는 과정을 거칩니다. '글자'라는 추상적인 기호를 배우는 것 역시 이러한 총체적인 경험의 연장선상에 있어야 합니다. 아이에게 글자를 '가르치는' 것이 아니라, 글자를 '친한 친구'처럼 여기고 즐겁게 다가가게 하는 것이 중요합니다.

아는 만큼 보인다는 말이 있듯이 아이들이 글자를 알면 그 안에 의미를 궁금해합니다. 예컨대 길을 가다가 약국을 보았을 때 약국이라는 글자를 몰랐을 때는 그냥 지나쳤지만, 글자를 알게 된 후에는 약국은 뭐 하는 곳일까 하는 관심을 갖게 된다는 것입니다. 이렇듯 글자 학습은 아이에게 새로운 세상의 문을 열어주는 중요한 과정이지만, 동시에 자칫하면 아이에게 부담감이나 두려움을 줄 수도 있습니다. '읽어야 한다', '써야 한다'는 강요는 아이의 흥미를 떨어뜨리고 글자에 대한 부정적인 인식을 심어줄 수 있습니다. 아이가 글자를 딱딱한 공부의 대상으로 여기게 되는 순간, 글자와의 관계는 멀어지고 학습은 지루한 노동이 되어 버립니다.

하지만 글자를 배우기 전에 먼저 글자와 '친해지는' 과정을 거친다면 이야기는 달라집니다. 글자와 친해진다는 것은, 글자를 통해 즐거운 경험을 많이 쌓고 글자에 대해 긍정적인 호기심을 갖게 되는 것을 의미합니다. 부모가 재미있게 책을 읽어주는 모습을 보며 책 속에 있는 글자에 관심을 갖거나, 좋아하는 장난감 상자에 쓰인 글자를 따라 읽어보려 하거나, 자신의 이름이 쓰인 곳에 눈길을 주는 것입니다. 글자가 주는 정보나 즐거움을 자연스럽게 느끼면서 글자에 대한 '관심'과 '흥미'가 싹트게 합니다.

글자와 먼저 친해진 아이는 글자 학습에 대한 심리적인 장벽이 낮아집니다. 글자를 배우는 것을 '어려운 숙제'가 아닌 '재미있는 놀이'나 '새로운 발견'으로 여기게 됩니다. 자연스러운 호기심과 흥미는 아이 스스로 글자를 탐색하고 배우려는 내적인 동기를 부여합니다. 부모나 교사가 이끌어주지 않아도 아이는 자신이 알고 싶은 글자나 단어를 스스로 찾아보고 질문하며 즐겁게 학습에 참여하게 됩니다. 글자에 대한 긍정적인 초기 경험은 아이의 평생 학습 태도에도 좋은 영향을 미칩니다.

그렇다면 아이는 글자를 어떻게 배우게 될까요? 글자 학습은 갑자기 이루어지는 것이 아니라, 아이의 발달 단계와 관심이 생길 때 점진적으로 이루어지는 과정입니다. 글자와 친해지는 과정 속에서 아이는 다음과 같은 단계들을 자연스럽게 거치게 됩니다. 글자 학습은 단순히 글자를 읽고 쓰는 기술을 익히는 것을 넘어, 인쇄된 글자가 의미를 담고 있다는 것을 깨닫는 것부터 시작됩니다. 이 과정은 아이마다 속도나 순서에 약간의 차이가 있을 수 있지만, 대체로 다음과 같은 단계를 거치며 발달합니다.

아이들은 주변 환경에 있는 글자에 관심을 보이기 시작합니다. 책 표지, 간판의 글자, 상품의 로고 등을 그림처럼 인지하고 특정 의미와 연결하기도 합니다. 아직 글자 하나하나를 읽지는 못하지만, 글자가 그림과는 다르며 어떤 의미를 전달한다는 것을 막연하게 느낍니다. 부모의 역할은 아이와 함께 책을 자주 읽고, 책 표지나 그림에 대해 이야기를 나눕니다. 길을 가면서 간판이나 표지판에 쓰인 글자를 함께 보며 이야기해주고, 아이의 이름이 쓰인 물건에 대해 이야기해주는 등 일상생활 속에서 글자를 자연스럽게 접하게 해줍니다. '글자는 세상을 이해하는 도구'라는 것을 자연스럽게 보여주는 것이 중요합니다.

아이들은 말소리에 관심을 갖고 소리와 글자의 관계에 대한 기초적인 이해를 발달시킵니다. 비슷한 소리로 끝나는 단어(운율, 라임), 단어를 구성하는 소리의 마디(음절), 그리고 더 나아가 단어를 이루는 개별 소리(음소)를 인지하는 능력이 발달합니다.

부모의 역할은 아이와 함께 운율이 있는 동요나 동시를 자주 부르고 읽어줍니다. 단어를 들려주고 비슷한 소리로 시작하거나 끝나는 단어를 찾아보는 놀이를 하거나, 단어를 들려주고 박수 치며 음절을 나누어 보는 활동을 합니다. 예를 들어 "사(짝)과(짝)"처럼 합니다. 이러한 활동들은 아이가 소리를 가지고 놀면서 글자와 소리의 연결을 자연스럽게 느낄 수 있도록 도와줍니다.

아이는 글자가 각기 다른 모양을 가지고 있으며 고유의 이름(예: ㄱ, ㄴ, ㄷ)과 소릿값(예: ㄱ은 '그' 소리)을 가지고 있다는 것을 알게 됩니다. 특히 자신의 이름에 포함된 글자에 가장 먼저 관심을 보이고 인식하는 경우가 많습니다. 알파벳 노래를 부르거나 글자 블록을 가지고 놀면서 글자의 모양과 이름을 익힙니다.

다양한 글자 놀이 자료(글자블록, 자석글자, 글자카드 등)를 제공하고 아이가 글자를 탐색할 기회를 줍니다. 아이의 이름이 쓰인 곳을 자주 보여주고 아이가 자신의 이름을 구성하는 글자를 인지하도록 돕습니다. 글자의 모양과 이름을 재미있게 반복하며 익힐 수 있도록 도와줍니다.

낱글자의 소릿값을 조합하여 간단한 단어(예: 아-빠 = 아빠)를 소리 내어 읽는 파닉스(Phonics) 능력이 발달하기 시작합니다. 또한 자주 보는 쉬운 단어(예: 엄마, 아빠, 나)는 글자 모양 자체를 통째로 기억하여 빠르게 읽는 시각 단어(Sight Words) 능력이 생겨납니다. 아직 유창하지는 않지만, 아는 글자와 소리를 조합하여 읽어보려는 노력을 합니다.

아이가 아는 글자로 구성된 쉬운 단어가 포함된 그림책을 읽어줍니다. 아이가 단어를 읽으려 할 때 칭찬하고 격려하며, 소릿값을 조합하여 읽는 과정을 도와줍니다. 아이가 자주 보는 단어를 카드로 아이와 같이 만들어 놀이처럼 익히게 하는 것도 좋습니다. 중요한 것은 틀려도 괜찮다고 이야기해 주고 긍정적인 분위기를 유지하는 것입니다.

이제 아이는 여러 단어가 모여 문장이 된다는 것을 이해하고, 간단한 문장을 읽기 시작합니다. 문장을 단순히 글자 조합으로 읽는 것을 넘어, 문장이 전달하는 의미를 이해하려는 노력을 합니다. 그림과 글자를 연결하여 내용을 파악하는 능력이 발달합니다.

아이가 스스로 읽을 수 있는 수준의 쉬운 문장으로 구성된 책을 제공합니다. 아이가 문장을 읽은 후 내용에 대해 질문하고 답하며 이해도를 높입니다. 그림과 글을 함께 보며 내용을 추론하거나 예측하는 활동을 통해 읽기 재미를 느낄 수 있도록 돕습니다.

읽기 능력과 함께 쓰기 능력도 발달합니다. 처음에는 끼적거리기(Scribbling)에서 시작하여, 직선과 곡선 따라 그리기, 글자 모양 흉내 내기, 간단한 글자 따라 쓰기를 거쳐 자신이 아는 글자를 조합하여 의미 있는 단어나 문장을 쓰려는 시도를 합니다. 아직 맞춤법이나 띄어쓰기가 서툴 수 있습니다.

가정에서 부모의 역할은 아이가 자유롭게 끼적이고 그림 그릴 수 있도록 종이, 크레용, 연필 등 다양한 쓰기 도구를 제공합니다. 글자 모양을 따라 쓰거나 점선을 이어 글자를 완성하는 활동을 함께 합니다. 아이가 쓴 글자나 그림에 대해 칭찬하고 의미를 물어봐 주며 쓰기에 대한 흥미를 유지시켜 줍니다. 맞춤법보다는 아이가 자신의 생각이나 경험을 글자로 표현하려는 노력 자체를 격려하는 것이 중요합니다.

이러한 단계들은 칼로 자르듯 명확히 구분되는 것이 아니라, 서로 영향을 주고받으며 유기적으로 발달합니다. 중요한 것은

각 단계에서 아이의 흥미와 수준에 맞는 경험을 제공하고, 아이가 글자 학습을 긍정적이고 즐거운 과정으로 느끼게 해주는 것입니다.

원에서도 아이에게 글자를 가르치기 전에 먼저 글자와 '친해지게' 하는 것은 아이의 글자 학습에 대한 긍정적인 태도를 형성해주고 내적인 동기를 부여하는 매우 중요한 과정으로 인식하고 활용합니다. 아이는 인쇄물에 대한 관심부터 시작하기 위해 그림책을 매일 들려줍니다. 겉표지 제목부터 천천히 읽어준 다음 한 장을 넘긴 후 다시 제목과 지은이가 나오면 손가락으로 짚어가며 다시한번 천천히 또박또박 읽어줍니다. 그런 후에 같은 반 친구들 이름을 매일 한, 두 번씩 읽어주며 글자의 의미를 느끼게 해줍니다. 또한 그림책이나 친구 이름, 숫자, 색깔, 동물, 과일 이름 등을 제시해 줄 때는 일 주간 같은 것을 연속하여 읽혀 주는 것이 좋습니다. 이때 한꺼번에 여러 종류의 카드를 제시해 주기보다는 일주일 동안 같은 종류를 계속해 주어야 하며 그다음 주에는 지난주 것에 이어서 추가해 주어야 합니다. 같은 그림과 글자를 계속 보다 보면 글자를 그림으로 인식하다가 다시 글자로 인식하는 단계에 이르게 됩니다.

가정에서도 원에서 도서가방(만권의 책읽기 프로젝트)을 매주 화, 금요일 보내드리면 관심을 가지고 최소한 10번을 들려주고 다시 원으로 보내 주시기 바랍니다. 유아들은 특성상 아는 것에 관심이 있고 또 이해될 때까지 여러 번 반복하여 읽는 것을 좋아합니다. 아이들이 그만 읽자고 할 때까지 여러 차례 들려주어서 그 책을 외울 정도가 되면 그 책의 내용과 의미가 이해되면서 독서가 완성 됩니다. 원에서는 그 책들로 독서 나눔을 하게 됩니다. 그럴 때 여러 번 익숙하게 읽고온 유아는 그 책에 대한 관심과 흥미를 가지고 독서 나눔에 참여하게 되며 자신감 있게 창의적인 자신의 생각을 표현하게 됩니다.

다양한 언어의 날개가
아이의 세상을 넓힌다

　아이들의 두뇌는 스펀지처럼 새로운 정보를 빠르게 흡수하고 연결하며 성장합니다. 특히 언어를 배우는 시기는 두뇌 발달에 있어 매우 중요한 결정적 시기이며, 이때 다양한 언어에 노출되는 경험은 아이의 두뇌에 놀라운 변화를 가져올 수 있습니다. 단순히 의사소통 수단을 하나 더 얻는 것을 넘어, 다양한 언어 교육은 아이의 인지 능력과 두뇌 구조 자체에 긍정적인 영향을 미치는 것으로 밝혀지고 있습니다.

　다양한 언어(다국어) 사용은 특정 두뇌 영역의 회백질의 밀도 증가와도 관련이 있다고 알려져 있습니다. 회백질은 신경세포(뉴런)가 모여 있는 부분으로, 정보 처리 기능을 담당합니다. 언어 학습과 관련된 두뇌 영역(예: 브로카 영역, 베르니케 영역) 뿐만 아니라, 주의 집중, 기억, 문제 해결 등 실행 기능을 담당하는 전두엽 피질의 회백질 밀도가 다국어 사용자에게서 더 높게 나타난다는 연구 결과들이 있습니다. 이는 다국어 사용 경험이 해당 두뇌 영역을 더욱 활성화시키고 발달시킨다는 것으로 알려져 있습니다. 이처럼 다국어 교육이 가져오는 두뇌 구조 및 기능의 변화는 아이의 다양한 인지 능력 발달로 이어집니다. 그 구체적인 효과를 보면 다음과 같습니다.

실행 기능은 목표 달성을 위해 생각하고 계획하며 행동을 조절하는 고차원적인 인지 능력입니다. 다국어 사용자는 두 가지 이상의 언어 시스템을 동시에 관리해야 하기 때문에 실행 기능이 자연스럽게 훈련됩니다. 또한 상황에 따라 다른 언어를 빠르게 전환하며 사용하는 과정에서 인지적 유연성이 향상됩니다. 이는 문제를 해결할 때 다양한 관점으로 접근하거나, 한 가지 방식이 통하지 않을 때 다른 방식으로 전환하는 능력을 키워줍니다.

여러 언어의 단어와 문장 구조를 동시에 활성화하고 필요한 정보를 일시적으로 저장하고 조작하는 과정에서 작업 기억 능력이 강화됩니다. 이는 학습이나 복잡한 과제 수행 시 정보를 효과적으로 처리하는 데 중요합니다. 또한 사용하지 않는 언어 시스템을 억제하는 과정은 불필요한 정보나 충동적인 행동을 억제하는 능력, 즉 억제 조절 능력을 발달시킵니다. 이는 주의 산만을 줄이고 과제에 집중하는 데 도움이 됩니다.

다국어를 배우면서 아이는 언어 자체의 구조나 규칙에 대해 더 잘 인식하게 됩니다. 단어의 의미, 문법의 규칙, 소리와 글자의 관계 등에 대해 더 깊이 이해하고 분석하는 능력이 발달 합니다. 다양한 언어의 소리와 리듬에 노출되면서 아이는 음성 정보를 더 민감하게 구분하고 처리하는 능력이 향상되므로 이는 음악교육에도 도움이 되어 청음이 발달 됩니다.

다국어를 경험한 아이는 언어 학습 자체에 대한 경험과 이해가 있기 때문에 나중에 새로운 언어를 배울 때 더 쉽고 빠르게 습득하는 경향을 보입니다. 다양한 언어를 사용하며 여러 관점에서 사고하는 경험은 아이의 사고를 확장시키고 창의적인 문제 해결 능력을 기르는 데 도움이 될 수 있습니다.

일부 연구에서는 평생 다국어를 사용한 사람들이 단일 언어 사용자들에 비해 치매와 같은 노년기 인지 기능 저하가 더 늦게 나타날 수 있다는 것을 제시하기도 합니다. 이는 다국어 사용이 두뇌에 지속적인 자극을 주어 인지예비능(Cognitive Reserve)을 높이기 때문일 수 있다고 설명합니다.

다양한 언어 교육의 효과를 극대화하기 위해서는 단순히 CD를 틀어주거나 영상을 보여주는 것만이 아니라, 교사와 다양한 언어로 의사소통을 하며 경험하게 하는 것이 중요합니다. 부모나 교사가 아이와 눈을 맞추고 대화하고, 함께 노래 부르고, 책을 읽어주며 언어를 몸으로 느끼며 직접 사용하는 즐거운 경험을 제공해 줄 때, 아이의 두뇌는 언어와 긍정적인 감정을 연결하며 더욱 활발하게 발달하게 합니다.

이러한 인지적 이점들은 비단 언어 학습 자체에만 국한되지 않고, 수학, 과학, 논리 등 다른 학습 영역과 일상생활의 다양한 문제 해결 상황에도 긍정적으로 영향을 미칠 수 있습니다. 다양한 언어교육이 아이의 인지 능력 향상에 도움이 된다는 것은 이제 많은 연구를 통해 지지받고 있는 것이 사실입니다. 아이의 흥미와 발달 단계에 맞춰 즐겁고 자연스러운 방식으로 다양한 언어에 노출될 수 있는 환경을 제공하는 것입니다. 부모나 교사의 따뜻한 상호작용 속에서 아이는 언어의 즐거움을 느끼고 두뇌의 잠재력을 마음껏 펼칠 수 있게 됩니다.

물론 모든 아이가 다양한 언어 교육을 통해 동일한 수준의 효과를 보고 있는 것은 아닙니다. 아이의 기질이나 교육 환경 등 다양한 요인이 영향을 끼치게 되기 때문이지요. 하지만 다양한 언어 교육이 아이의 두뇌에 긍정적인 자극을 주어 인지능력을 향상시키는 잠재력을 가지고 있다는 점은 분명합니다.

다문화 시대가 되어가고 있는 우리나라 실정에 다양한 언어는 필수입니다. 세계를 지배하는 유대인들도 초등학교를 가기 전에 3개 국어 이상을 지도하여 어느 나라에 가서 살던지 적응을 잘하게 하고 있습니다.

우리 원의 경우에도 5년 차 다국어 교육을 실시하고 있습니다. 2023년 6월 EBS 교육방송 뉴스에 방영되기도 하였습니다. 지금은 다문화권의 유아들이 입학하여 이중 언어인 한국어를 약 3개월 정도 아주 빠른 기간에 습득하여 자연스럽게 사용하고 있는 모습을 볼 수가 있습니다. 그런 가운데 영어, 중국어, 스페인어, 한국어 등을 포함한 본국의 언어와 함께 5개 국어를 너무나 자연스럽고 편하게 잘 구사하고 있는 상황을 볼 때 언어는 유아기가 적기라는 것을 현장에서 피부로 느끼고 있습니다. 또한 내국인 유아들도 배우고 있는 4개 국어의 언어를 4, 5세의 경우에는 소리로 인식하고 있다가 6세 정도가 되면 각각의 나라별로 언어를 다르게 인식하고 이해를 하며 잘 구사하고 있는 모습을 볼 때 큰 감동을 받게 됩니다. 가정에서도 부모님들께서 조금만 관심을 가져 주신다면 자녀들의 언어 성장을 직접 실감하고 느끼실 것입니다. 얼마 전에도 6세 반 아동이 부모님과 함께 해외여행을 다녀오게 되면서 부모님께서 외국인과 거부감이 전혀 없이 먼저 다가가 인사를 나누고 말을 이어 가는 것을 보면서 너무 놀라웠다는 말씀을 하셨습니다. 또한 영어, 중국어의 원어민 강사 수업에도 유아들이 너무나 적극적이며 큰 소리로 자신감 있게 수업을 참여하고 있습니다. 한국어는 전혀 사용하지 않고 수업을 진행하고 있음에도 대부분의 아이들이 잘 알아듣고 이해하고 있으며 수업 진행이 너무나 흥미롭게 진행되고 있는 모습을 볼 때 이제는 다양한 언어 교육이 유아기가 적기라는 것을 깊이 깨닫게 되었습니다. 언어교육의 가장 적기인 3세~7세에 가정에서도 조금만 관심을 가져주신다면 모두가 글로벌 리더로 성장할 수 있을 것입니다.

한자가 열어주는 문해력의 힘

오늘날 우리는 매일 엄청난 양의 정보 속에서 살아갑니다. 영상, 텍스트, 이미지가 끊임없이 쏟아지는 이 시대에, 정보를 단순히 '읽는 것'만으로는 부족합니다. 정보의 의미와 맥락을 파악하고, 그것을 이해하여 활용하는 능력, 바로 '문해력'이 중요한 시대입니다. 문해력은 단지 국어 과목에 국한되지 않고, 수학, 과학, 사회 등 모든 학습의 기초이며 삶의 기본 역량이기도 합니다.

우리나라는 세계적으로 교육 수준이 높은 나라로 알려져 있습니다. 학업성취도가 OECD 국가 중에서 상위권에 속하고, 대학 진학률도 높습니다. 그러나 겉보기에 화려한 수치 뒤에는 '문해력 저하'라는 심각한 문제가 숨어 있습니다.

문해력의 핵심은 '어휘력'에 있습니다. 단어를 얼마나 알고, 그 의미를 얼마나 정확히 이해하느냐가 문장의 의미, 글의 주제, 문맥의 흐름을 파악하는 데 결정적인 역할을 하게 됩니다.

우리가 글을 읽을 때, 글 속의 단어들을 이해하고 그 단어들이 모여 만드는 문장의 의미, 나아가 문단과 전체 글의 흐름과 의도를 파악하는 일련의 과정을 거칩니다. 이때 각각의 단어가 가진 의미를 정확히 아는 것이 바로 어휘력입니다. 어휘력이 풍부하면 글의 내용을 더 깊이 있고 빠르게 이해할 수 있게 됩니다. 반대로 어휘력이 부족하면 글을 읽어도 무슨 말인지 파악하기 어렵고, 이는 문해력 저하로 이어집니다. 마치 집을 지을 때 튼튼한 벽돌이 많아야 견고한 건물을 올릴 수 있듯이, 풍부한 어휘는 문해력이라는 큰 집을 짓는 단단한 기초가 됩니다.

현대 사회에서는 스마트폰이나 영상 매체의 영향으로 짧고 자극적인 정보에 익숙해지면서 깊이 있는 글을 읽고 이해하는 능력이 약해지고 있다는 우려의 목소리가 높습니다. 문법에 맞지 않거나 의미가 왜곡된 표현에 자주 노출되면서 정확한 어휘 사용 능력이 떨어지기도 합니다. 이러한 환경 속에서 의도적으로 어휘력을 키우고 문해력을 향상시키려는 노력이 더욱 중요해지고 있습니다.

어휘력 향상을 위한 방법으로는 꾸준한 독서, 모르는 단어 찾아보기, 글쓰기 연습 등이 있습니다. 다양한 주제의 책을 읽으며 새로운 단어를 접하고, 그 단어의 뜻을 문맥 속에서 파악하거나 직접 찾아보는 과정은 어휘 확장에 큰 도움이 됩니다. 또한 일기나 편지, 짧은 글쓰기를 통해 배운 단어를 직접 사용해보는 연습 역시 어휘를 자신의 것으로 만드는 효과적인 방법입니다.

하지만 한국어 어휘의 상당 부분이 한자어라는 사실을 간과할 수 없습니다. 우리가 일상생활에서 사용하는 단어 중 약 70%~80%가 한자어라는 통계도 있습니다. 따라서 한자에 대한 이해는 단순히 한자 몇 글자를 아는 것을 넘어, 한국어 어휘의 근간을 이해하는 중요한 열쇠가 될 수 있습니다.

왜 한자가 어휘력과 문해력 향상의 중요한 해답이 될 수 있을까요? 그 이유는 한자가 가진 특성 때문입니다. 한자는 하나의 글자가 하나의 뜻을 가지고 있는 표의 문자입니다. 예를 들어 '山'은 산이라는 뜻을, '水'는 물이라는 뜻을 가집니다. 그리고 이러한 한자들이 결합하여 새로운 단어를 만듭니다. '山水'는 산과 물을 의미하게 되는 방식입니다.

우리가 접하는 많은 한자어는 이러한 한자의 결합으로 이루어져 있습니다. 예를 들어 '학교(學校)'라는 단어를 생각해 봅시다. '학(學)'은 배우다, '교(校)'는 학교를 의미하는 한자입니다. 이 두 한자의 뜻을 알면 '학교'가 '배우는 곳'이라는 의미를 가짐을 쉽게 유추할 수 있습니다.

이처럼 한자어는 개별 한자의 뜻을 알면 단어 전체의 의미를 파악하는 데 유리합니다. 특히 복잡하거나 추상적인 개념을 나타내는 단어일수록 한자의 의미를 알면 그 뜻을 훨씬 명확하게 이해할 수 있습니다. 예를 들어 '인과율(因果律)'이라는 단어를 들었을 때, '인(因) 원인', '과(果) 결과', '율(律) 법칙'이라는 한자의 뜻을 안다면 '원인과 결과 사이의 법칙'이라는 의미를 쉽게 파악할 수 있습니다. 하지만 한자를 모른다면 단순히 '인과율'이라는 단어 자체를 암기해야 하므로 적용하고 활용하는 데 한계가 따를 수 있습니다.

한자를 통해 어휘의 조어 원리를 이해하면, 처음 보는 단어라도 한자의 뜻을 통해 의미를 짐작하는 능력이 길러집니다. 이는 새로운 어휘를 학습하는 속도를 높이고, 기존에 알고 있던 어휘의 의미를 더욱 깊이 있게 이해하는 데 도움을 줍니다. 또한 같은 한자가 들어간 다른 단어들을 연관 지어 학습하면 어휘력을 효율적으로 확장할 수 있습니다. 예를 들어 '생(生)'이라는 한자가 들어간 '생각(生覺)', '생활(生活)', '탄생(誕生)', '학생(學生)' 등의 단어를 함께 익히면 '생'이 '살다', '나다' 등의 의미를 가진다는 것을 확실히 이해하고 다양한 단어에 적용할 수 있습니다.

물론 모든 어휘를 한자로만 이해해야 하는 것은 아닙니다. 고유어와 외래어 또한 중요한 한국어 어휘의 구성 요소입니다. 그러나 한국어 어휘의 큰 비중을 차지하는 한자어의 특성을 이해하고 학습하는 것은 어휘력 향상을 위한 매우 강력한 도구가 될 수 있습니다. 한자를 익히는 과정은 단순히 글자를 외우는 것이 아니라, 우리말 어휘의 뿌리를 탐색하고 의미 구조를 파악하는 과정이라고 할 수 있습니다.

한자 학습을 통해 어휘력이 풍부해지면 자연스럽게 앞서 이야기한 문해력 향상으로 이어집니다. 글을 읽을 때 모르는 단어가 줄어들고, 단어의 정확한 의미를 파악하게 되면서 문장 전체의 뜻이 명확하게 다가옵니다. 문장 간의 관계, 문단 간의 논리적 연결 또한 단어의 정확한 이해를 바탕으로 더욱 쉽게 파악할 수 있게 됩니다.

한자를 통해 어휘의 다양한 의미를 이해하는 것은 글쓴이의 의도나 숨겨진 맥락을 파악하는 데도 도움을 줍니다. 같은 한자어라도 문맥에 따라 다른 뉘앙스를 가질 수 있는데, 한자가 가진 본래의 의미를 알면 이러한 미묘한 차이를 더 잘 감지할 수 있습니다.

문해력은 단순히 정답을 찾아내는 기능적 문해력을 넘어, 글을 비판적으로 읽고 다양한 각도로 질문하며 자신의 생각을 구성하는 능력까지 포함합니다. 한자 학습을 통해 어휘의 근본적인 의미를 이해하는 과정은 이러한 깊이 있는 문해력 발달에 긍정적인 영향을 미칠 수 있습니다. 단어의 의미를 표피적으로 암기하는 것이 아니라 그 구조와 유래를 탐구하면서 사고력이 확장되고, 이는 글을 읽고 이해하는 방식에도 변화를 가져옵니다.

우리는 지금 그 어느 때보다 정확한 정보 이해와 비판적 사고 능력이 요구되는 시대에 살고 있습니다. 이러한 시대적 요구에 부응하기 위해 '문해력'은 개인의 필수 역량이 되었습니다. 그리고 문해력의 근간이 되는 '어휘력'을 탄탄히 다지는 것은 그 시작입니다.

한국어 어휘의 큰 비중을 차지하는 한자어에 대한 깊이 있는 이해는 어휘력을 효과적으로 확장하고, 나아가 글의 의미와 맥락을 정확히 파악하는 문해력 향상으로 이어지는 중요한 경로를 제공합니다. 한자 학습은 단순히 어려운 글자를 익히는 과정이 아니라, 우리말의 구조를 이해하고 사고력을 확장하며 세상을 읽는 눈을 기르는 과정입니다.

우리 원에서는 20여 년 전부터 한자 교육을 꾸준히 실시해 왔습니다. 5세부터 하루 10분 정도 정해진 시간에 해(日), 달(月), 물(水), 나무(木)와 같은 기초 한자를 음과 훈을 함께 따라 읽으며 시작합니다. 이것은 정약용 선생님의 아악편을 활용한 방식이며 쉽게 표현하자면 옛날 서당교육 방식을 활용한 학습법입니다. 먼저 입으로 따라 읽으며 귀로는 소리로 인식하여 듣고 습득하는 방식입니다. 이렇게 충분히 익히면 한글로 음훈을 써보기도 합니다. 이때 한자를 익히기보다는 소리로 인식하는 정도만 익혀 두어도 7세가 되면 300자에서 500자 정도를 익히게 되며 대부분 졸업 전에는 5~6급 수준의 한자를 습득하여 국가 공인 검정시험으로 자격증을 취득하고 졸업하기도 합니다

이러한 학습법은 단순한 기억 훈련을 넘어서, 어휘력 확장과 문해력 강화는 물론 학습의 자신감과 여유까지 키워줍니다. 실제로 저희 원을 졸업한 친구들은 한자 독해 능력이 뛰어나서, 초등학교 입학 후 학습 적응력이 탁월하여 학교생활을 여유롭고 재미있어 한다는 피드백을 꾸준히 받고 있습니다.

가정에서도 한자교육에 조금만 관심을 갖고 자유롭게 놀이처럼 시도할 수 있도록 도와준다면 한자에 대한 흥미와 자신감이 빠르게 자라게 될 것입니다. 유아기는 언어에 가장 관심이 많은 시기이기 때문에 조금만 관심을 갖고 지켜봐 준다면 생각보다 훨씬 빠르고 자연스럽게 습득하고 흡수하게 됩니다. 이렇게 한자를 익히다 보면 자연스럽게 문해력과 어휘력은 자라게 됩니다. 우리나라 대한민국에서 한자 교육은 선택이 아니라 필수이며 만 3세부터가 한자교육의 적기입니다.

숲에서 배우는 아이들
(자연이 주는 선물)

 도심 속 콘크리트 건물과 아스팔트길에 익숙한 우리 아이들에게 '숲'은 어떤 의미일까요? 초록의 나무와 풀, 이름 모를 작은 곤충들, 지저귀는 새소리, 흙냄새 가득한 공기…. 어쩌면 아이들에게 숲은 낯설고 멀게 느껴지는 공간일지도 모릅니다. 하지만 아이들의 작은 발걸음이 숲에 닿는 순간, 아이들의 눈빛은 호기심으로 반짝이고 얼굴에는 행복한 미소가 번집니다. 매주 숲에 가는 것을 기다리며 준비하는 유아들을 보면 호기심에 가득 차 있습니다.
 유아기는 아이의 오감이 발달하고 세상을 온몸으로 느끼며 배우는 시기입니다. 이때 숲과 같은 자연 속에서 보내는 시간은 아이들의 몸과 마음, 그리고 영혼까지 풍요롭게 합니다. 숲은 아이들에게 최고의 놀이터이자 살아있는 학습 공간이며, 그 어떤 장난감이나 학습 자료로도 대체할 수 없는 소중한 경험을 선사합니다. 숲이 주는 무한한 선물들을 통해 우리 아이들이 더욱 밝고 행복한 미래를 열어갈 수 있도록, 그 여정에 부모님과 선생님들이 함께 할 수 있는 방법들을 나누고자 합니다.

숲은 단순한 나무와 풀의 집합체가 아닙니다. 아이들의 성장에 필요한 모든 요소를 갖춘 완벽한 공간입니다. 숲이 유아에게 주는 선물은 실로 다양하고 놀랍습니다.

숲은 우리 아이들의 신체 발달을 위한 최고의 놀이터입니다. 숲길을 걷고, 언덕을 오르내리고, 나뭇가지 사이를 지나고, 돌멩이를 옮기는 등 숲에서의 다양한 활동은 아이들의 대근육과 소근육 발달을 촉진합니다. 고르지 않은 땅을 밟으며 균형감각을 기르고, 나뭇가지나 돌을 탐색하며 눈과 손의 협응력을 키웁니다. 마음껏 뛰어놀며 체력을 기르고 면역력도 향상시킬 수 있습니다.

숲은 오감 발달을 위한 풍부한 자극을 제공해 줍니다. 숲은 오감 만족의 공간입니다. 바람에 흔들리는 나뭇잎 소리, 새소리, 벌레 소리 등 다양한 소리를 듣고(청각), 풀과 나무의 냄새와 흙냄새를 맡으며(후각), 형형색색의 꽃과 나무, 다양한 모양의 잎사귀를 보며(시각), 부드러운 풀잎, 거친 나무껍질, 차가운 돌멩이, 끈적한 진흙 등 다양한 질감을 만지며(촉각), 때로는 안전한 열매나 나물을 맛보며(미각) 아이들은 세상을 온몸으로 느낍니다. 이러한 감각 경험은 아이의 뇌 발달에도 매우 중요한 역할을 합니다.

숲에는 정해진 놀잇감이 없습니다. 숲은 창의력과 상상력을 무한히 자극시켜 줍니다. 아이들은 숲에 있는 모든 것을 놀잇감 삼아 자신만의 놀이를 만들어 냅니다. 나뭇가지는 총이 되기도 하고, 잎사귀는 음식이 되기도 하며, 돌멩이는 보물이 되기도 합니다. 정형화되지 않은 숲 환경은 아이들의 자유로운 생각과 상상력을 이끌어내고 문제 해결 능력을 키워줍니다.

숲은 또 정서적인 안정과 긍정적인 자아를 형성해 주는데 도움이 됩니다. 숲은 아이들에게 편안함과 안정감을 줍니다. 숲속을 거닐며 자연의 평온함을 느끼고, 스트레스를 해소하며 마음의 안정을 얻습니다. 숲에서의 작은 성공경험(예: 스스로 나뭇가지 오르기)을 쌓으며 자신감을 얻고 긍정적인 자아를 형성하는 데 도움을 받습니다.

숲은 타인과의 관계와 사회성 발달에도 도움이 됩니다. 숲에서의 놀이는 종종 협력과 소통을 필요로 합니다. 함께 나무집을 짓고, 역할을 나누어 탐험 놀이를 하며 아이들은 자연스럽게 양보하고 배려하는 법, 갈등을 해결하는 법, 자신의 생각과 감정을 표현하는 법을 배웁니다. 숲이라는 열린 공간에서 또래와 함께 자유롭게 상호작용하며 사회성을 발달시킵니다.

숲은 우리에게 많은 호기심과 탐구 능력을 길러줍니다. 숲은 살아있는 자연 백과사전입니다. 아이들은 숲에서 만나는 모든 것에 대해 호기심을 느끼고 질문하며 탐구합니다. "이 벌레는 왜 이렇게 생겼어요?", "이 꽃은 이름이 뭐예요?", "나무껍질은 왜 이렇게 딱딱해요?"와 같은 질문을 통해 자연스럽게 배우고 탐구하는 즐거움을 알게 됩니다. 계절의 변화를 온몸으로 느끼며 자연의 섭리를 깨닫기도 합니다. 이렇게 숲이 아이들에게 주는 큰 선물을 알았다면, 이제 숲과 함께 생활하는 구체적인 방법을 고민할 차례입니다. 거창하거나 특별한 준비가 필요한 것은 아닙니다. 일상에서 작은 실천부터 시작할 수 있습니다.

규칙적으로 일주일에 한, 두 번 이라도 좋고, 아니면 매일 짧은 시간이라도 좋습니다. 집 근처의 작은 공원이라도 괜찮습니다. 중요한 것은 아이가 자연을 꾸준히 접하고 친밀감을 형성하는 것입니다. 날씨에 너무 구애받지 마시고 비 오는 날에는 우산을 쓰고 빗소리를 들어보고, 눈 오는 날에는 발자국을 남기며 겨울 숲을 느껴보는 것도 아주 특별하고 좋은 경험이 될 수 있습니다.

숲에 가게 되면 "뛰지 마", "만지지 마" 대신 "무엇을 보고 싶니?", "어떤 소리가 들리니?", "무엇을 만져보고 싶니?"라고 물어보세요. 아이 스스로 숲을 탐색하고 발견하도록 격려해 보세요. 정해진 코스를 따르기보다 아이의 발길이 닿는 대로, 아이의 호기심이 이끄는 대로 자유롭게 탐색하고 관심을 갖고 교감하도록 허용하는 것이 중요합니다.

또한 숲에서 주운 나뭇가지, 돌멩이, 잎사귀, 솔방울 등은 훌륭한 놀잇감이 됩니다. 나뭇가지로 그림을 그리거나 글자를 만들어보고, 돌멩이로 쌓기 놀이를 하거나 잎사귀의 모양을 관찰해 보거나 나뭇가지로 땅에 그림을 그려보는 것도 좋습니다.

부모님이 아이들과 같이 숲을 걷는 것을 즐거워하고 자연에 대해 이야기하다보면 아이와 친해질 수 있는 기회가 되고 아이는 자연스럽게 자연과 친해집니다. 함께 식물의 이름을 찾아보거나 곤충을 관찰하는 등 부모님이 먼저 호기심을 갖고 참여하는 것이 중요합니다. 칼비테 교육법에서도 나오듯이 아버지 칼비테는 아들과 함께 늘 아침 동산을 산책하며 자연스럽게 자연에 대해 이야기 하고 과학에 대해 나누고 또한 폭넓게 세계사까지도 이야기를 나누며 그 시간을 통하여 많은 지식과 호기심을 갖게 해주었다고 합니다. 그 아침 시간을 중요하게 보내기 위해 아버지 칼비테는 사전에 준비하고 오늘은 어떤 대화를 나눌까를 꾸준히 연구하였다고 합니다.

숲에는 더러는 위험 요소도 있습니다. 벌레에게 물리거나 넘어지는 등의 작은 사고는 있을 수 있습니다. 기본적인 안전 수칙(길 벗어나지 않기, 독이 있는 식물 조심하기 등)은 교육하되, 아이가 자연 속에서 자유롭게 움직이며 위험을 스스로 인지하고 대처하는 능력을 기를 수 있도록 지나친 간섭이나 걱정은 줄이는 것이 좋습니다. 또한 벌레나 모기에 물리는 경우도 있습니다. 이럴 때 원에서는 '후시딘연고'를 발라 줍니다. 상처에만 효과가 있을 것 같은데 벌레나 모기 물렸을 때 즉시 바르면 가렵거나 부풀어 오르지 않고 바로 사그라듭니다.

또한 맨발로 아이와 함께 흙을 밟다 보면 '접지(Grounding)' 또는 '어싱(Earthing)'이라 불리는 현상이 일어납니다. 지구의 표면은 자유 전자를 풍부하게 가지고 있어, 맨발로 땅을 밟으면 이 전자들이 우리 몸으로 전달됩니다. 이는 체내 염증을 줄이고 혈액순환을 개선하게 된다고 합니다.

맨발걷기가 인지기능 향상에도 도움이 된다는 증거도 있어 12주간 맨발걷기 프로그램 참석 후 참가자들의 뇌파(EEG) 측정결과, H-베타, M-베타, SMR(감각운동 리듬), 알파파 점수가 증가했다고 합니다. 이는 혈액순환 개선이 뇌 기능에 긍정적인 영향을 주고 있다는 것을 보여줍니다.

맨발걷기는 발의 내재근(intrinsic muscles)을 강화하고 고유수용성 감각(Proprioception)과 균형감각을 향상시켜주고 이는 발의 아치를 자연스럽게 지지하고 발목 안정성을 높여준다고 합니다.

또한 맨발로 흙길이나 자갈길을 걸으면 발바닥을 자극해 혈류를 원활하게 만들고, 하체의 림프순환까지 개선해 주는 효과가 있다고 전해지며, 체내 독소 배출과 면역체계 강화에도 도움을 준다고 합니다.

숲은 단순히 놀이의 공간만이 아닙니다. 아이들의 몸과 마음을 건강하게 하고, 자연의 소중함을 배우며, 환경을 사랑하는 삶으로 나아가게 하는 소중한 디딤돌입니다. 지금 이 작은 발걸음이 언젠가 지구를 지키는 큰 발걸음이 될 수 있습니다.

매주 숲 체험을 준비하고 나갈 때마다 많은 호기심과 기대감을 가지고 신이 나서 목소리가 커지고 희망에 들뜬 마음으로 숲속에서 만날 숲속 친구들을 기대하며 청진기를 가지고 나무 속의 물 흐르는 소리를 들어보기도 하고 루페나 돋보기를 가지고 풀과 나뭇잎을 관찰하거나 곤충과 벌레 들을 관찰해 보기도 하며 비닐봉지를 준비하여 나뭇잎에 씌워서 광합성 작용을 하여 습기가 차는 모습을 관찰해 보기도 합니다. 이러한 다양한 놀이는 아이들의 상상력을 더욱 길러주고 숲 선생님과 다양한 의견을 나누며 큰 호기심을 불러일으키기도 하며 즐겁게 지냅니다.

또한 매주 나가는 숲 체험이 단순히 즐거운 추억을 넘어, 평생 살아가는 동안 필요한 신체적, 정신적, 정서적, 사회적 역량을 길러주는 귀한 자산이 됩니다. 숲은 아이들에게 인내심을 가르치고, 작은 생명체의 소중함을 알게 하며, 자연과의 교감을 통해 얻는 깊은 행복을 선물합니다. 숲에서 마음껏 뛰놀고 탐험하며 자란 아이들은 자연의 소중함을 온몸으로 느끼게 됩니다. 이는 곧 자신을 둘러싼 환경을 아끼고 보호하려는 마음으로 이어지며, 더 나아가 지구를 사랑하는 건강한 시민으로서 탄소중립(Carbon Neutrality) 개념을 알게 되어 나무 심기와 자동차보다 가까운 거리 걷기 또는 분리수거를 하고 재활용하는 습관과 자연재료를 이용한 장난감 만들기 등 자연을 아끼고 보존하며 탄소중립을 위해 저탄소 생활습관과 씨앗 심기 등을 실천하여 환경을 보호하는 생활 습관도 가지게 될 것입니다.

감사 습관이 아이에게 주는
소중한 삶의 태도

　우리는 종종 삶의 큰 사건들, 예를 들어 승진, 시험 합격, 값비싼 선물 등 눈에 띄는 행운에 대해서만 감사해야 한다고 생각하기 쉽습니다. 하지만 제가 오랜 시간 삶의 여정을 걸어오면서 깨달은 가장 큰 진리 중 하나는, 바로 "작은 감사의 습관"이 한 사람의 삶을 얼마나 놀랍게 변화시키고 성장시킬 수 있는지에 대한 것입니다. 거창한 성공이나 특별한 사건이 아니더라도, 일상 속의 아주 사소한 순간들, 당연하게 여겼던 관계들, 그리고 때로는 어려움 속에서조차 감사할 것을 찾아내는 작은 습관이야말로 저를 지금 이 자리까지 이끈 가장 강력한 원동력이었으며, 그 작은 감사하기 습관들이 제 마음속에서 놀라운 변화를 일으키기 시작했습니다. 감사는 단순히 좋은 감정을 느끼는 것을 넘어, 우리 뇌와 행동 방식에 긍정적인 영향을 미치는 강력한 원재료가 되었습니다. 작은 감사의 습관이 일상에서 어떻게 긍정적인 변화를 이끌어 내는지에 대해 나누고 싶습니다.

불평할 때는 보이지 않던 것들이 보이기 시작했습니다. 제가 당연하게 여기던 가족과 이웃 그리고 직원들의 따뜻함과 그리고 작은 노력에도 조금씩 발전하는 제 자신의 모습. 감사는 저를 '없음'이 아닌 '있음'에 집중하게 만들었고, 세상에는 불평할 일들만큼이나 감사할 일들도 많다는 것을 깨닫게 해주었습니다. 부정적인 프레임에서 벗어나 긍정적인 시각으로 세상을 바라보게 되면서, 제 마음은 훨씬 가벼워지고 평화로워졌으며 매일 아침 눈을 뜨고 하루를 계획하고 시작하는 데에도 큰 에너지가 되고 있습니다.

우리의 뇌는 부정적인 것에 더 쉽게 반응하는 경향이 있습니다. 소위 '부정성 편향'이라고 하지요. 불평이나 걱정거리가 생기면 계속 그것에만 매달리기 쉽습니다. 하지만 의식적으로 감사할 것을 찾는 순간, 생각의 초점이 '없음'에서 '있음'으로 옮겨갑니다. 예를 들어, "오늘따라 일이 너무 많아 힘들어"라고 생각하다가도, "그래도 이 일을 통해 배울 점이 있음에 감사하다", "나에게 이런 일을 할 수 있는 기회가 있어서 감사하다"와 같이 작은 감사 거리를 찾으면 부정적인 생각의 흐름을 끊고 긍정적인 에너지로 전환할 수 있습니다. 이러한 작은 전환이 반복되면 일상 속에서 훨씬 덜 불평하고 덜 좌절하게 됩니다.

연구에 따르면 감사하는 습관은 스트레스 호르몬인 코르티솔 수치를 낮추는 데 도움이 된다고 합니다. 감사할 것에 집중하면 걱정이나 불안의 감정에서 벗어나 현재에 집중하게 되고, 이는 마음을 훨씬 편안하게 만들어줍니다. 출근길 혼잡한 교통 속에서도 '안전하게 이동할 수 있음에 감사하다'라고 생각하거나, 예상치 못한 문제가 발생했을 때 '이 경험을 통해 배우고 성장할 수 있음에 감사하다'라고 마음먹는 것은 불안감을 진정시키고 문제에 더 차분하게 대처할 수 있는 힘을 줍니다.

다른 사람에게 감사를 표현하는 것은 관계를 긍정적으로 변화시키는 가장 쉬우면서도 강력한 방법입니다. 누군가의 작은 도움이나 친절에 진심으로 "감사합니다"라고 말하거나, 가족이나 친구에게 그들의 존재 자체에 감사함을 표현할 때, 상대방은 존중받고 인정받는다는 느낌을 받습니다. 이는 서로에 대한 신뢰와 애정을 깊게 하고, 더욱 건강하고 긍정적인 관계를 만들어갑니다. 일상 속에서 "오늘 저녁 맛있게 해줘서 고맙습니다", "내 이야기 잘 들어줘서 고맙습니다."와 같은 작은 감사의 표현이 쌓이면 관계는 더욱 단단해집니다.

살면서 어려움이나 시련은 피할 수 없습니다. 하지만 감사의 습관은 이러한 역경을 이겨내는 힘, 즉 회복 탄력성을 길러줍니다. 힘든 상황 속에서도 '이 경험을 통해 무엇을 배울 수 있을까', '나에게 힘을 주는 사람이 있음에 감사하다'와 같이 긍정적인 측면을 찾으려 노력할 때, 우리는 절망에 굴복하지 않고 다시 일어설 힘을 얻습니다. 감사는 고난을 성장의 기회로 여기게 하는 마음의 근력을 키워줍니다.

자신이 가진 자원이나 능력, 혹은 주변 사람들의 도움에 감사할 때, 우리는 그것을 더 소중히 여기고 잘 활용하려는 동기를 얻습니다. 또한, 자신의 노력의 작은 결실에도 감사할 때, 성취감과 만족감을 느끼며 앞으로 더 나아가고 싶은 마음이 강해집니다. 일상 속 업무나 목표 달성 과정에서 작은 성과에 감사하는 습관은 꾸준히 노력할 수 있는 에너지를 제공해 줍니다.

이처럼 작은 감사의 습관은 우리의 생각, 감정, 행동, 그리고 관계에 이르기까지 일상생활 전반에 걸쳐 긍정적인 파급 효과를 일으킵니다. 이러한 작은 변화들이 꾸준히 쌓이고 반복될 때, 비로소 "나를 여기까지 성장하게 했다"고 자신 있게 이야기할 수 있는 큰 성취로 이어지는 것입니다.

물론 감사의 습관을 들이는 것이 늘 쉬운 것만은 아니었습니다. 바쁘고 지칠 때는 감사를 잊어버리기도 했고, 불평하는 것이 훨씬 편하게 느껴질 때도 있었습니다. 하지만 그럴 때마다 저는 다시 의식적으로 감사할 것을 찾으려고 노력하기도 합니다. 그리고 때로는 감사할 일을 찾아 감사 일기를 써보기도 하고, 잠들기 전 하루 동안의 일들 가운데 감사했던 일 세 가지 정도를 떠올려보기도 했습니다. 그리고 사랑하는 사람들에게도 고맙다는 말을 자주 표현하려고 애썼습니다. 이러한 작은 노력들이 모여 조금씩 감사가 제 삶의 자연스러운 부분이 되어갔습니다. 또한 가끔은 힘들고 어려운 일이 생길 때도 있습니다. 그럴 때는 혼잣말로 이렇게 합니다. "참 감사할 일이야 그래 너무 감사하다, 맞아 감사할 일이네"라고 중얼거립니다. 그러면 마음이 한결 가벼워지면서 그 일의 무게가 가벼워져집니다. 그리고 어떠한 일이든 지나고 보면 분명한 뜻과 유익이 나에게 남고 누군가에게 이로움을 줄 수 있는 긍정적인 결과를 보게 됩니다.

그동안 원을 운영하며 수많은 아이들과 부모님들을 만난 경험 속에서도 감사의 힘을 절감했습니다. 아이들의 순수한 웃음, 부모님들의 작은 격려 하나하나에 감사할 때, 사역의 어려움 속에서도 지치지 않고 기쁨으로 나아갈 수 있었습니다. 감사하는 마음으로 아이들을 대할 때 아이들은 더욱 밝은 웃음과 미소로 나를 쳐다봐 주며 건강하게 자랐고, 부모님들과의 관계도 더욱 긍정적으로 성장하는 좋은 성품과 관계가 형성되었습니다.

"작은 감사의 습관이 나를 여기까지 성장하게 했다." 라는 이 문장은 제 삶의 고백이자, 앞으로도 제가 살아가야 할 방향을 제시해 주는 나침반과 같습니다. 감사는 과거의 어려움을 긍정적인 배움으로 바꾸고, 현재의 축복을 온전히 누리게 하며, 미래의 희망을 품게 하는 놀라운 힘을 가지고 있습니다. 혹시 지금 삶에 불평과 원망이 가득하다면, 오늘부터 아주 작은 것 하나에라도 감사해 보는 것은 어떨까요? 그 작은 시작이 저를 비롯한 많은 분들의 삶을 놀랍도록 변화시키고 더욱 풍요로운 성장으로 이끌 것이라고 저는 확신합니다. 옛말에도 사람들에게 공손하게 인사를 잘하면 미움을 사거나 어려운 일을 당할 일이 없다는 뜻을 가진 '인사 잘하고 뺨 맞는 법 없다'라는 속담 있듯이 언제나 감사하며 긍정적인 마음으로 서로에게 인사를 나누고 산다면 상대방도 변하고 내 마음도 평안 해져서 세상이 행복해질 거라는 희망된 생각을 해봅니다.

부모님들께서도 오늘부터 작은 감사와 칭찬으로 가족과 배우자 그리고 귀한 자녀에게 좋은 긍정의 마음이 흐르도록 실천해 보시기 바랍니다. 매일 반복되는 일상이 가끔은 고단하고 힘들 수 있습니다. 그렇지만 살아있다는 증거라고 생각하며 모든 것을 감사로 마무리한다면 훨씬 편안하고 안정된 삶이 될 것이며 그것이 표정과 인상으로 나타나 주변 사람들도 편안하게 대해 줄 것입니다. 감사합니다.

제 3 장

아이의 창의성과 감성을 깨우다

자유로운 낙서가
아이의 생각을 키우는 그림언어

우리는 아이들의 낙서를 어른의 기준으로 평가해서는 안 됩니다. '잘 그렸다', '못 그렸다'라는 판단은 아이의 활동에 대한 어른의 주관적인 기준일 뿐입니다. 아이에게 낙서는 과정 그 자체입니다. 손에 쥔 도구로 하얀 바탕에 흔적을 남기는 행위 자체에서 즐거움을 느끼고, 자신의 몸짓에 따라 선과 색이 달라지는 것을 보며 흥미를 느낍니다. 처음에는 주먹 쥐고 그저 휘두르는 듯 불규칙한 선들일지라도, 점차 힘 조절을 배우고 원하는 방향으로 움직이려는 시도를 합니다. 동그라미, 세모, 네모와 같은 기본적인 형태를 탐색하고, 여러 색을 섞어보고 덧칠하며 색의 변화를 경험합니다. 이 모든 과정이 아이에게는 세상에 대한 탐구이자 스스로를 발견하는 여정입니다. 그렇다면 아이의 자유로운 낙서를 왜 그토록 중요하게 여겨야 하는지 낙서가 아이의 성장과 발달에 어떠한 영향을 미치게 되는지에 대하여 조금 생각해 보도록 하겠습니다.

낙서에는 정해진 규칙이 없습니다. 무엇을 그려야 할지, 어떤 색을 사용해야 할지 아무도 강요하지 않습니다. 아이는 자신의 마음속에 떠오르는 대로, 느끼는 대로 자유롭게 표현합니다. 때로는 구름이 강아지가 되고, 동그라미 하나가 엄마 얼굴이 되기도 합니다. 이러한 자유로운 표현 속에서 아이의 상상력은 무한대로 확장되고, 세상을 고정된 틀이 아닌 가능성으로 가득 찬 곳으로 인식하게 됩니다. 틀에 박힌 그림이나 색칠공부책으로는 결코 얻을 수 없는 자유로운 사고의 힘이 바로 낙서에서 시작됩니다.

낙서는 손가락과 손목, 팔 등 소근육 발달에 매우 중요합니다. 처음에는 힘 조절이 어렵지만, 반복적인 낙서 활동을 통해 아이는 자신의 몸을 섬세하게 조절하는 방법과 능력을 익히게 됩니다. 원하는 곳에 선을 긋고, 힘을 주거나 빼면서 선의 굵기를 조절하고, 색을 칠하는 면적을 조절하는 과정은 아이의 운동 능력 발달에 필수적입니다. 이는 나중에 글씨를 쓰거나 정교한 작업을 할 때 필요한 기초 능력이 됩니다.

어린아이들은 아직 자신의 감정을 말로 표현하는 데 서툽니다. 기쁨, 슬픔, 분노, 불안 등 다양한 감정들이 아이의 마음속에서 소용돌이칠 때, 낙서는 이를 표출하는 안전하고 효과적인 수단이 될 수 있습니다. 신나는 날에는 밝고 활기찬 색깔로 빠르게 휘갈기기도 하고, 속상한 날에는 어둡고 진한 색으로 꾹꾹 눌러 칠하기도 합니다. 그림일기처럼, 아이의 낙서에는 그날의 감정과 경험이 고스란히 담겨있습니다. 부모는 아이의 낙서를 통해 아이의 마음 상태를 엿볼 수도 있고, 아이는 낙서를 통해 답답한 감정을 해소할 수 있습니다.

낙서는 단순히 손을 움직이는 활동을 넘어섭니다. 아이는 낙서를 하면서 선과 형태, 공간에 대해 탐색합니다. 종이의 끝은 어디인지, 색을 섞으면 어떻게 변하는지, 어떻게 하면 원하는 곳에 선을 그릴 수 있는지 등 다양한 인지적인 탐색을 합니다. 또한 주어진 공간을 어떻게 채울지 어떤 색을 사용할지 스스로 결정하는 과정에서 작은 문제 해결 능력을 키우게 됩니다. 이는 아이의 뇌 발달에 긍정적인 영향을 미치고, 학습 능력의 기초를 다지기도 합니다.

어른의 간섭이나 평가 없이 마음껏 낙서하는 경험은 아이에게 '나는 무엇이든 표현할 수 있는 존재', '내 생각과 느낌은 소중하다'는 긍정을 심어줍니다. 자신이 창조한 결과물에 대해 스스로 만족하고 성취감을 느낄 때, 아이의 자존감은 자연스럽게 높아집니다. '잘 그렸다/못 그렸다'라는 평가 대신 과정 자체를 인정받고 지지받는 아이는 실패를 두려워하지 않고 새로운 것에 도전하는 용기를 얻게 됩니다.

도구를 입에 넣거나 던지는 등 위험하게 사용하지 않도록 도구를 안전하게 사용하는 법을 미리 알려주고, 아이가 마음껏 낙서할 수 있는 환경을 만들어주는 것은 아이에게 무한한 자유와 표현의 기회를 제공해 주는 것입니다. 깨끗한 집을 유지하려는 마음과 아이의 자유로운 표현 사이에서 균형을 찾는 것이 중요합니다. 조금은 지저분해지더라도, 그 공간 속에서 아이의 창의력과 표현력이 무럭무럭 자라나고 있다는 것을 기억하며 즐거운 마음으로 아이의 낙서 여정을 지지해 주는 것이 매우 중요합니다. 미래의 훌륭한 화가의 꿈을 가슴에 품을 수 있도록 믿고 기다려 줍니다.

그럼 위대한 화가들의 어릴 때는 어떤 모습이었고, 어떤 활동을 하며 자랐는지 알아보는 것도 아이들의 잠재력을 이해하고 키워주는 데 큰 영감을 줄 수 있을 것입니다. 유명한 화가 두 명의 어린 시절을 간략하게 나누어 보겠습니다.

네덜란드 출신의 세계적인 화가 빈센트 반 고흐는 어릴 때부터 매우 감수성이 풍부하고 내성적인 아이였다고 알려져 있습니다. 어릴 적 반 고흐는 자연 속에서 시간을 보내며 주변의 풍경과 사람들을 관찰하는 것을 좋아했다고 합니다. 그림을 전문적으로 배우거나 뛰어난 신동의 면모를 보인 것도 아니었지만, 세상을 바라보는 남다른 시각과 깊은 감성을 가지고 있었다고 합니다. 어릴 때부터 주변 환경과 그 속의 생명들에 대해 깊이 생각하고 느끼는 습관이 있었고, 이러한 것들을 긁적거리거나 종이에 낙서처럼 표현해 보는 습관과 버릇들이 자라서 민감한 감수성과 관찰력으로 훗날 그의 독창적이고 강렬한 화풍의 밑거름이 되었던 것이라고 합니다. 또한 어릴 적부터 세상을 향해 열려 있던 그의 마음과 예민한 감각이 훗날 불꽃같은 예술혼으로 이어졌다고 합니다.

스페인 출신의 입체파 화가 파블로 피카소는 예술가 집안에서 태어나 어려서부터 그림에 비범한 재능을 보인 신동으로 유명합니다. 그의 아버지 돈 호세 루이스 블라스코는 화가이자 미술 교사였는데, 아들의 재능을 일찍이 알아보고 적극적으로 미술활동의 기회를 주며 표현하도록 도와주었다고 합니다. 피카소의 첫 번째 단어는 스페인어로 연필을 뜻하는 '라피스(lapiz)'의 줄임말인 '피스(piz)'였다는 일화가 있을 정도로 어릴 때부터 그림 도구에 대한 애착이 강했다고 합니다. 그는 아주 어린 나이부터 이미 성인 화가 못지않은 사실적인 묘사 능력을 보여주었다고 하며, 아버지의 작업실에서 그림을 보고 따라 그리거나 자신만의 그림을 그리며 어린 시절을 보냈습니다. 일찍부터 천재적인 재능이 발현되고 이를 뒷받침해 준 환경이 있었기에, 피카소는 미술사에 길이 남을 위대한 화가로 성장할 수 있었습니다.

두 화가의 어린 시절은 매우 달랐지만, 각자만의 방식으로 세상을 느끼고 표현하려는 내적인 동기와 활동이 있었다는 공통점을 발견할 수 있습니다. 반 고흐는 자연 속에서 감성을 키웠고, 피카소는 타고난 재능을 일찍부터 갈고 닦았습니다.

원에서도 유아들에게 자유롭게 마음껏 낙서하고 색감을 익히며 표현할 수 있도록 미술 영역에 다양한 재료를 제공하고 있습니다. 그러면서 어느 때에는 아주 작고 섬세한 문양과 색의 조합을 표현해 볼 수 있는 탱그램 심리도형을 제공해 주기도 하고 또 어느 때에는 좋아하는 캐릭터를 제시해 주어 마음껏 꾸미게 해주고 5세가 되면 미술 교재를 통하여 미술을 이해하고 따라 그려보기를 해보기도 하고 7세가 되면 전문 강사를 통하여 그리기 기초와 채색하는 기법 등을 배우게 됩니다. 시간이 지날수록 자유롭고 재능이 있는 친구들도 찾아볼 만큼 흥미를 갖기도 하고 다양한 결과물과 의미 있는 작품들도 나올 때가 있습니다.

보통 아이들은 대부분 그리기와 색칠하기를 좋아합니다. 그리기를 통해서 창의력이 발달되고 자기 생각을 표현하며 스트레스를 풀어주는 미술 활동은 유아기 때 매우 중요합니다.

가정에서도 한쪽 모퉁이에 아이만의 미술 영역을 준비해 주어 편안하고 안정적인 공간에서 자유롭게 자신을 표현할 수 있게 해 주세요. 부모의 역할은 아낌없는 칭찬과 격려를 보내주는 것이며, 아이가 자신의 표현의 의미를 언어로 부모님께 설명할 수 있는 기회를 준다면 더할 나위 없이 좋은 활동이 되는 것입니다.

아이는 스스로를 표현하는 힘을 얻고, 언젠가 세상을 감동시키는 작은 예술가로 성장할 수 있습니다.

창의성은
다양한 경험에서 시작된다

우리는 흔히 창의성이라고 하면 반짝이는 아이디어나 예술가들의 특별한 재능을 떠올리곤 합니다. 하지만 창의성은 단순히 예술적인 영역에만 국한된 것이 아니라, 삶의 문제를 해결하고 변화하는 세상에 유연하게 대처하며 자신만의 고유한 가치를 만들어가는 데 필요한 필수적인 능력입니다. 오랜 시간 교육 현장에서 아이들을 지켜보며, 또 삶의 다양한 순간들을 경험하며 깨달았습니다. 바로 이 창의성이란 하늘에서 뚝 떨어지는 특별한 재능이 아니라, 다양한 경험이라는 비옥한 토양 위에서 피어나는 아름다운 꽃이라는 것을 말입니다.

그렇다면 창의성을 키우는 '다양한 경험'이란 무엇일까요? 그것은 반드시 거창하거나 특별한 사건만을 의미하는 것은 아닙니다. 자연 속에서 흙을 만지고 풀 냄새를 맡는 감각적인 경험, 새로운 사람과 대화하며 새로운 관점을 접하는 사회적인 경험, 책을 읽고 상상하며 지식을 쌓는 지적인 경험 처음 해보는 활동에 도전하며 실패와 성공을 맛보는 정서적인 경험까지…. 눈으로 보고, 귀로 듣고, 손으로 만지고, 마음으로 느끼는 이 모든 과정이 바로 '다양한 경험'입니다. 익숙한 환경을 벗어나 낯선 곳을 탐험하는 것뿐만 아니라, 일상 속에서도 이전과는 다른 방식으로 무언가를 시도하고 새로운 것을 접하려는 열린 마음 자체가 다양한 경험의 시작입니다.

다양한 경험이 창의성의 토대가 되는 이유는 간단합니다. 우리의 뇌는 끊임없이 새로운 정보와 자극을 받아들이고, 그것들을 연결하고 조합하며 새로운 생각들을 만들어냅니다. 마치 요리사가 다양한 식재료를 가지고 수만 가지의 요리를 만들 수 있듯이, 우리 뇌는 다양한 경험이라는 식재료를 통해 창의적인 아이디어라는 요리를 만들어내는 것입니다. 경험의 재료가 풍부하고 다채로울수록, 우리 뇌가 조합하고 활용할 수 있는 가능성은 무한대로 확장됩니다.

특히 아이들에게 다양한 경험은 창의력 발달에 있어 절대적인 중요성을 가집니다. 아이들은 세상을 온몸으로 느끼고 탐색하며 배웁니다. 제한된 공간과 익숙한 환경에만 머무는 아이보다, 넓은 세상에서 다양한 사람들을 만나고, 여러 종류의 소리를 듣고, 다채로운 색깔을 보고, 다양한 질감을 만져보며 오감을 자극받은 아이의 뇌는 훨씬 풍요로운 정보망을 구축하게 됩니다. 이러한 풍부한 정보들은 훗날 아이가 새로운 문제를 접했을 때 기존의 지식이나 경험을 바탕으로 독창적인 해결책을 찾아내거나, 기존의 틀을 깨는 새로운 아이디어를 떠올리는 강력한 자원이 됩니다.

각종 놀이와 탐색은 아이들이 다양한 경험을 쌓는 가장 자연스러운 방식입니다. 정해진 답이 없는 자유 놀이 속에서 아이들은 다양한 재료를 탐색하고, 예상치 못한 상황에 직면하며 스스로 해결

책을 찾아 나갑니다. 블록을 쌓다가 무너져도 다시 쌓아보고, 물감을 섞어 새로운 색을 만들어보며 시행착오를 통해 배웁니다. 이러한 과정 자체가 아이의 뇌를 활성화시키고 유연한 사고 능력을 길러줍니다. 자연 속에서 돌멩이를 뒤집어보고 벌레를 관찰하며 느끼는 경이로움, 미술 도구를 가지고 마음껏 끼적이며 느끼는 해방감 등은 모두 아이의 창의적인 감수성을 자극하는 소중한 경험입니다.

다양한 경험은 우리가 가진 생각의 틀, 즉 고정관념을 깨는 중요한 역할을 합니다. 익숙한 것에서 벗어나 낯선 문화, 다른 분야의 지식, 혹은 예상치 못한 상황을 접하게 될 때, 우리는 자신이 당연하게 여겼던 것들이 당연하지 않을 수도 있다는 것을 깨닫게 됩니다. 이러한 깨달음은 우리의 시야를 넓히고, 문제를 다양한 각도에서 바라볼 수 있는 유연성을 길러줍니다. 틀에 박힌 생각에서 벗어날 때 비로소 전에 없던 새로운 아이디어가 떠오를 가능성이 열립니다.

물론 다양한 경험 속에는 성공적인 경험만 있는 것이 아닙니다. 실패하고, 넘어지고, 예상대로 되지 않는 경험들 역시 창의성을 키우는 데 매우 중요합니다. 어려운 과제에 도전했다가 실패했을 때, 우리는 무엇이 문제였는지 분석하고 다음에는 어떻게 시도해야 할지 고민하게 됩니다. 이 과정에서 문제 해결 능력이 향상되고, 좌절 속에서도 포기하지 않는 인내심과 회복 탄력성을 기르게 됩니다. 이러한 능력들은 창의적인 아이디어를 현실로 만들어내는 과정에서 반드시 필요한 자질입니다.

궁극적으로, 다양한 경험을 추구하는 것은 세상을 향한 호기심을 끊임없이 자극하는 과정입니다. 호기심은 창의성의 가장 강력한 엔

진입니다. 새로운 것을 배우고 싶어 하고, 왜 그럴까 질문하며, 미지의 세계를 탐험하려는 마음은 우리를 다양한 경험으로 이끌고, 그 경험 속에서 새로운 연결고리를 발견하고 독창적인 생각을 끄집어내도록 만듭니다. 아이들이 가진 천성적인 호기심을 꺾지 않고 다양한 경험의 기회를 충분히 제공하는 것이야말로 미래 사회를 이끌어갈 창의적인 인재로 키우는 가장 확실한 방법입니다.

그러기에 "창의성은 다양한 경험에서 시작된다." 이 말은 우리 모두에게 해당되는 진리입니다. 아이들에게는 세상을 탐험할 수 있는 풍성한 경험의 기회를 제공하고, 어른들 또한 익숙한 울타리에서 벗어나 새로운 도전을 두려워하지 않는 열린 마음으로 다양한 경험을 추구할 때, 우리 안에 잠재된 창의력은 비로소 꽃을 피울 수 있을 것입니다. 다양한 경험은 단순히 지식을 쌓는 것을 넘어, 세상을 이해하는 폭을 넓히고, 스스로를 발견하며, 삶을 더욱 풍요롭고 의미 있게 만들어주는 평생의 자산이 됩니다. 그럼, 창의성을 기르는 다양한 경험들을 쉽게 할 수 있는 것들에는 어떠한 것들이 있는지 생각해 보겠습니다.

앞서 이야기 나눈 것처럼, 커다란 종이나 벽에 전지를 붙여주고 다양한 필기도구(크레용, 물감, 사인펜, 붓 등)를 제공하여 아이가 형식에 얽매이지 않고 자유롭게 선, 점, 색을 표현하게 해주세요. 주제를 정해주기보다는 아이가 느끼는 대로 그리도록 격려하는 것이 중요합니다.

점토, 찰흙, 밀가루반죽, 아이클레이, 슬라임점토 등 손으로 직접 주무르고 형태를 만들 수 있는 재료는 아이의 창의적인 표현을 돕습니다. 나뭇가지, 돌멩이, 병뚜껑, 끈 등 자연물이나 재활용품을 활용하여 무언가를 만드는 활동도 아이의 상상력을 자극합니다.

잡지, 신문, 색종이, 천 조각 등 다양한 재질과 색깔의 재료를 찢거나 잘라 풀로 붙여 하나의 새로운 이미지를 만드는 활동은 아이의 조합 능력과 표현력을 길러줍니다.

자연 속에서 흙을 파고, 모래성을 쌓고, 물을 튀기며 노는 활동은 아이의 오감을 자극하고 자유로운 상상력을 펼치게 합니다. 물에 뜨는 것과 가라앉는 것, 모래의 촉감 변화 등을 직접 경험하며 탐색하는 과정 자체가 창의적인 사고를 자극합니다. 손가락 물감으로 도화지나 비닐 위에 마음껏 그림을 그리거나, 발에 물감을 묻혀 발자국을 찍는 등 몸을 활용한 미술 활동은 아이에게 새로운 감각 경험과 표현의 즐거움을 줍니다.

몰펀 블록, 레고, 씽커토이, 맥포머스, 내가맥스, 놀이맥스 등 다양한 종류의 블록을 가지고 아이가 상상하는 대로 자유롭게 건물을 짓거나 사물을 만드는 활동은 공간 지각 능력과 문제 해결 능력, 그리고 창의적인 조형 능력을 키워줍니다. 설명서를 따르기보다는 아이 스스로 생각하며 쌓아나가도록 격려해주세요. 나뭇가지, 솔방울, 돌멩이 등을 이용해 집을 만들거나 동물을 표현하는 등 자연물을 활용한 구성 놀이는 아이의 관찰력과 창의력을 동시에 자극합니다.

의사, 요리사, 소방관 등 특정 역할을 정해주기보다는, 아이가 스스로 역할을 정하고 이야기를 만들어나가도록 격려해주세요. 다양한 소품(옷, 모자, 장난감 도구 등)을 제공해주면, 아이의 상상력이 더욱 풍부해집니다.

직접 만든 인형이나 손가락 인형을 가지고 이야기를 만들고 연기하는 활동은 아이의 언어 표현력, 상상력, 스토리텔링 능력을 향상시킵니다.

여러 장르의 음악을 들려주고, 아이가 그 음악을 들으며 느끼는 감정을 몸으로 자유롭게 표현하도록 격려해 주세요. 악기를 두드리거나 흔들며 소리를 탐색하는 활동도 아이의 청각적 감수성과 표현력을 자극합니다. 틀에 얽매이지 않고 아이가 느끼는 대로 몸을 움직이며 춤추는 활동은 창의적인 신체 표현 능력을 길러줍니다.

아이가 무언가를 만들거나 표현했을 때, 그것이 얼마나 잘 되었는지 보다는 아이가 그 활동을 통해 무엇을 느끼고 경험했는지에 초점을 맞춰주세요. 아이의 시도와 노력 자체를 칭찬하고, 아이의 생각과 표현에 진심으로 귀 기울여 주는 것이 창의력을 키우는 가장 강력한 영양이 될 것입니다.

원에서도 아이들과 다양한 재료와 방법으로 만들고 쌓고 주무르고 하여 창의적인 것들을 만들어 보고 체험해 보기도 합니다. 부모님께서도 긍정적인 질문과 대답을 하며 관심을 보여주시기 바랍니다.

원에서도 연간 계획으로 아이들이 더 큰 상상과 기대감을 가지고 많은 것을 경험해 보기 위해 매주 현장학습을 하고 있습니다. 옛 선조들에 대해 알아보고 이해하기 위해 박물관을 견학하고 자연의 변화를 찾아 자연사 박물관이나 공룡박물관을 견학하며 자연물을 직접 손으로 체험해보기 위해 농작물을 수학해 보는 감자캐기, 땅콩캐기, 고구마캐기, 밤줍기, 포도따기, 배따기, 버섯농장 등 다양한 체험을 해 봅니다.

또한 앞서가는 시대의 발전을 알아보기 위해 AI시대 변화하는 자동차 산업을 눈으로 직접보고 체험해 볼 수 있는 현대모터 스튜디오, 비행기를 이해하고 배우기 위해 항공박물관 등도 견학해 보기도 하고 옥토끼 우주박물관 등을 견학하며 우주에 대한 꿈도 키워 봅니다. 이러한 과정에서 더 많은 것을 도전하며 더 큰 꿈을 꾸고 그 희망들을 이루어 나갈 수 있는 힘을 키워 나가기도 합니다.

유아기는 모든 가능성이
펼쳐지는 황금기

 갓 태어난 아기는 세상의 모든 경이로움을 처음 마주하는 작은 탐험가와 같습니다. 생후 몇 년간의 유아기는 한 인간의 삶에서 가장 폭발적이고 역동적인 발달이 이루어지는 시기이며, 말 그대로 '모든 가능성'이 싹트는 황금기와도 같습니다. 이 시기에 아이들은 세상과 상호작용하며 자신과 주변 환경에 대해 배우고, 무한한 잠재력을 발견하며 미래 성장의 단단한 기반을 다지게 됩니다.
 왜 유아기가 그토록 모든 가능성을 발견하는 시기인지 그동안 많은 영유아들을 바라보면서 느끼는 몇 가지 중요한 이유들이 있습니다.
 유아기, 특히 만 3세까지는 뇌 발달이 가장 활발하게 이루어지는 시기로, 인지, 언어, 사회성, 감성 등 여러 영역에서 수많은 신경 연결망이 형성됩니다. 마치 밭에 씨앗을 뿌리듯, 어떤 경험과 자극을 제공하느냐에 따라 뇌는 다양한 방향으로 성장할 수 있습니다. 새로운 언어 습득, 음악적 감수성, 공간 인지력 등 다방면의 잠재력이 이 시기에 뚜렷이 드러납니다.

유아기 아이들은 스펀지처럼 주변의 모든 것을 흡수하며, 오감을 통해 끊임없이 정보를 받아들입니다. 호기심이 왕성한 이 시기에 아이들은 스스로 질문하고, 발견하며, 학습의 즐거움을 경험합니다. 예컨대, 7세 반에서 다국어 수업 중 아이들이 20여 줄 이상의 졸업 인사말을 1주일 만에 암기해 낸 경험은 이 시기 학습력의 놀라운 가능성을 보여준 예였습니다.

이 시기는 세상과의 관계를 배우는 시기이기도 합니다. 부모, 형제자매, 또래 친구 등과의 상호작용을 통해 감정 표현, 공감, 규칙 이해 등 사회적 기술을 자연스럽게 익힙니다. 원에 적응 초기의 낯섦도 빠르게 극복하는 모습을 보면, 유아기의 관계 형성 능력은 매우 뛰어남을 알 수 있습니다.

유아기 아이들은 놀이라는 매개를 통해 무한한 창의성과 상상력을 발휘합니다. 나뭇가지는 마법 지팡이가 되고, 이불은 우주선이 됩니다. 이러한 놀이 속에서 아이는 문제 해결력과 새로운 아이디어를 떠올리는 힘을 키워나갑니다.

유아기는 대근육과 소 근육이 함께 발달하는 시기로, 아이는 다양한 신체 활동을 통해 자신의 몸을 인지하고 조절합니다. 걷기, 달리기, 오르기 등 전신 활동은 두뇌 발달에도 긍정적인 영향을 미치며, 일상생활 속에서 독립성과 자신감을 길러줍니다.

그렇다면 유아기에 아이들의 모든 가능성을 발견하고 키워주기 위해 부모는 어떤 역할을 해주어야 하는지 생각해 보면 가장 중요한 것은 안전하고 흥미로운 환경을 제공해 주는 것입니다. 아이가 낯설고 겁이 날 수도 있지만 자유롭게 충분히 탐색을 하고 도전할 수 있도록 격려하고 지지해 주는 것이 중요합니다. 아이의 호기심을 존중하고, 질문에 성실하게 대답을 해주며, 다양한 방법으로 경험을 할 수 있도록 함께 나누며 용기를 갖도록 해야 합니다. 그리고 아이의 흥미와 재능을 민감하게 살피고 반응해 주어야 합니다. 아이가 특정한 활동에 유난히 몰입하거나 즐거움을 느낀다면, 그것이 바로 아이의 잠재력이 숨어 있는 영역일 수 있습니다. 그림 그리기, 노래 부르기, 블록 쌓기, 이야기 만들기 등 아이가 즐거워하는 활동을 충분히 할 수 있도록 지원하고, 칭찬과 격려를 아끼지 않아야 합니다.

이와 같이 놀이의 힘을 믿고 존중하는 것도 중요합니다. 유아기 아이들에게 놀이는 단순한 유흥이 아니라 가장 중요한 학습이자 성장 방식입니다. 부모는 아이와 함께 놀이에 참여하며 상호작용하고, 아이의 상상력을 자극하는 질문을 던지며 놀이의 깊이를 더해줄 수 있습니다. 아이가 주도적으로 놀이를 이끌어가도록 기다려주고, 그 과정에서 문제를 해결하고 창의적인 생각을 발휘하는 기회를 주어야 합니다. 또한 여기에 부모 자신의 성장도 매우 중요합니다. 부모가 아이와 함께 배우고 성장하는 모습을 보여줄 때, 아이는 배움에 대한 긍정적인 태도를 자연스럽게 배우게 됩니다.

또한 유아교육 관련된 책이나 논문을 보고 지식을 쌓거나, 아이의 발달 단계에 대해 공부하며 부모로서의 역량을 키우는 것도 중요합니다. 유아기는 무한한 가능성의 씨앗이 뿌려지는 귀한 시기입니다. 이 시기에 아이에게 제공되는 따뜻한 사랑, 풍부한 경험, 그리고 무한한 지지는 아이가 자신의 잠재력을 마음껏 키워나가며 건강하고 행복하게 성장할 수 있는 가장 강력한 밑거름이 될 것입니다.

아이들은 '왜?'라는 질문을 많이 합니다. 그럴 때 성실하게 답해주어야 하고, 함께 궁금증을 해결해 나가는 과정을 즐겨야 합니다. 주변 환경(자연, 사물 등)을 함께 탐색해 보며 오감을 활용한 많은 경험들을 하게 해주고 실내에서는 다양한 블록 쌓기, 퍼즐 맞추기, 숨바꼭질 등 문제를 해결하고 논리적으로 생각하는 놀이를 함께 해주기도 하고 다양한 그림책을 들려주며 서로 이야기를 나누고 상상력을 자극하며 새로운 지식을 하나씩 늘려가게 합니다.

아이에게 말을 많이 걸어주고, 아이가 하는 말에 항상 귀를 기울이며 반응해 주어야 합니다. 아직 이해하기가 어렵다고 하여도 다양한 어휘와 문장을 사용하여 천천히 차곡차곡 이야기해 주고, 노래나 동시를 함께 불러줍니다. 아이들은 알고 있는 모든 노래를 하는 경우가 있습니다. 이럴 때 아이가 자신의 생각과 감정을 노래로 표현하도록 격려하고 이끌어 주며, 서툰 표현이라도 인내심을 가지고 들어줍니다. 또한 그림책을 들려주며 등장인물의 감정이나 상황에 대해 이야기를 나누는 것도 좋습니다. 그럴 때 아이의 언어 구사 능력과 이해력이 향상되고, 생각과 감정을 효과적으로 표현하는 능력도 키워갈 수 있으며 소통의 능력도 확장될 수 있습니다.

아이의 감정을 바로 읽어주고 공감하며, 자신의 감정을 건강하게 표현하는 방법도 알려줍니다. 다른 친구나 사람들에게 긍정적으로 상호작용할 수 있는 기회를 제공해 주고, 나누며 배려하는 태도도 지도하고 가르쳐 주어야 합니다. 이때 규칙과 질서의 중요성도 자연스럽게 배우도록 도와주고 이끌어 주어야 합니다. 이 모든 과정에서 가장 중요한 것은 아이를 존중하는 태도입니다. 아이가 무엇을 잘하는가에 집중하기보다, 아이가 무엇에 흥미를 느끼고 어떤 과정을 즐기는가를 세심하게 살피는 것이 중요합니다. 아이의 속도와 방식대로 성장할 수 있도록 인내심을 가지고 기다려주고, 실패하더라도 다시 시도할 용기를 북돋아주는 부모의 사랑과 믿음이 아이의 잠재력을 이끌어내는 가장 강력한 힘이 됩니다.

원에서도 아이가 충분히 탐색을 할 수 있는 시간과 여건을 마련해 줍니다. 그리고 관심을 보인 부분을 가지고 소통하며 느껴보게 한 다음 아이들을 하나하나 이해하며 풀어나갑니다. 아이들은 보호자가 성급해하거나 강요당할 때 두려워하거나 울음으로 대처하게 됩니다.

가정에서도 적극적인 참여보다는 긍정적인 눈으로 바라봐 주는 것이 아이의 마음과 생각을 안정되게 마음껏 표현할 수 있도록 도와주는 데 큰 도움이 됩니다. 유아기는 무한한 가능성의 씨앗이 뿌려지는 귀한 시기입니다. 이 시기에 아이에게 제공되는 따뜻한 사랑, 풍부한 경험, 그리고 무한한 지지는 아이가 자신의 잠재력을 마음껏 키워나가며 건강하고 행복하게 성장할 수 있는 가장 강력한 밑거름이 됩니다. 아이들 각자의 무한한 가능성이 발견될 때까지 애정과 관심을 갖고 지켜봐 주어야 합니다.

음악과 미술로 피어나는
아이의 감성 꽃

　우리는 흔히 '똑똑하다'는 말을 들으면 논리적이고 분석적이며 계산에 능한 사람을 떠올립니다. 실제로 학교 교육은 언어, 수리, 과학 등 좌뇌 중심의 영역에 집중되어 있습니다. 하지만 급변하는 미래 사회에서 행복하고 성공적인 삶을 살아가기 위해서는 논리적인 사고력뿐 아니라 직관, 상상력, 창의성, 감성, 공감 능력 등 우뇌의 기능 또한 필수적입니다. 이러한 우뇌와 감성을 발달시키는 데 가장 효과적인 방법이 바로 예능 교육입니다.

　우리의 뇌는 좌뇌와 우뇌로 나뉘며, 각기 다른 역할을 하게 됩니다. 좌뇌는 주로 언어나, 논리 분석, 그리고 계산이나 순서 나열 등 세부적인 정보 처리를 이성적으로 분석하는 기능을 담당합니다. 반면에 우뇌는 이미지, 공간과 지각능력과 상상력, 창의성과 감정, 그리고 음악, 예술 등 전체적이고 직관적이며 감성적인 기능을 담당합니다. 두뇌의 어느 한쪽 기능만 발달해서는 건강하고 균형 잡힌 성장이 어렵습니다. 좌뇌와 우뇌가 조화롭게 발달하고 활발하게 소통할 때 아이는 잠재력을 최대한 발휘할 수 있습니다.

음악은 기쁨과 슬픔 등 다양한 감정을 느끼게 하고, 미술은 자신의 내면세계를 색깔과 형태로 표현하는 도구가 됩니다. 춤이나 연극을 통해 아이는 다양한 상황 속 인물의 감정을 경험하고 표현하는 연습을 합니다. 이러한 경험은 아이의 감수성을 풍부하게 하고, 자신의 감정을 건강하게 인지하고 표현하는 능력을 길러줍니다. 또한, 다른 사람의 작품이나 연기를 보며 타인의 감정을 이해하고 공감하는 능력도 함께 발달합니다. 풍부한 감성은 타인과의 소통과 관계 형성에도 매우 중요하며, 삶을 더욱 깊이 있고 아름답게 느끼게 합니다.

예능 활동은 감성, 인지, 신체활동 등 여러 영역을 통합적으로 사용하게 함으로써 좌뇌와 우뇌의 협력적 발달을 촉진시켜 줍니다. 예를 들어, 음악을 들으며(청각) 그림을 그리고(시각/소근육), 떠오르는 이미지를 몸으로 표현하는(신체/우뇌) 활동은 좌뇌와 우뇌를 연결하고 통합하는 훌륭한 훈련이 되기도 합니다.

그림을 그릴 때 화면을 어떻게 구성할지, 춤을 출 때 공간을 어떻게 활용할지, 악기 연주 시 전체적인 화음을 어떻게 만들어낼지 등을 경험하면서 아이는 공간 지각 능력과 부분보다는 전체를 조화롭게 구성하는 능력을 기릅니다. 이는 우뇌의 중요한 기능이며, 나중에 수학, 과학 등 다른 분야의 학습에서도 공간적인 이해가 필요한 문제 해결에 도움이 될 수 있습니다.

아이가 좋아하는 예능 활동에 몰입하는 경험은 아이의 집중력을 향상시키고, 활동 자체에서 오는 즐거움과 성취감은 좋은 학습 태도와 자신감을 길러주게 됩니다. 이러한 긍정적인 경험은 아이가 다른 영역의 학습이나 활동에도 적극적으로 참여하게 되는 원동력이 되기도 합니다.

손가락물감, 물감거품, 모래그림, 점토, 풀잎, 꽃잎 등 다양한 재료를 제공하여 아이가 눈으로 보고, 손으로 만지고, 냄새를 맡으며 오감을 자극하게 합니다. 예상치 못한 재료의 조합은 아이의 상상력을 자극합니다. 커다란 종이, 박스, 벽에 붙인 전지 등 넓은 공간에서 아이가 몸 전체를 사용하며 자유롭게 선을 긋고 색을 칠하게 합니다. 결과보다는 그리는 과정에서의 아이의 즐거움과 몰입에 초점을 맞춥니다. 그림을 그린 후 "이 그림은 어떤 이야기인 것 같니?", "이 그림을 보니 어떤 기분이 들어?"와 같이 질문하며 아이의 그림에 담긴 생각과 감정을 언어로 표현하도록 도와줍니다.

자연의 소리(새소리, 물소리), 생활 주변의 소리(자동차 소리, 문 닫는 소리), 그리고 다양한 악기 소리를 듣고 어떤 소리가 나는지 탐색하는 활동을 해봅니다. 소리의 높낮이, 크기, 빠르기 등을 느끼게 합니다. 경쾌한 음악에는 빠르게 뛰거나 손뼉 치고, 느린 음악에는 천천히 움직이는 등 음악의 리듬과 분위기를 몸으로 자유롭게 표현하게 합니다. 마라카스, 탬버린, 북 등 유아가 다루기 쉬운 악기를 제공하여 아이가 두드리고 흔들며 다양한 소리를 탐색하고 자신만의 리듬을 만들어내도록 격려합니다. (직접 페트병에 콩이나 쌀을 넣어 마라카스를 만드는 등 재활용 악기 활동도 좋습니다.) 즐거운 노래는 신나게 부르고, 슬픈 노래는 조용히 부르는 등 노래에 담긴 감정을 느끼고 목소리로 표현하는 연습을 합니다.

특정 동작을 따라 하기보다, 동화 속 주인공의 감정을 몸으로 표현하거나, 좋아하는 동물이나 사물을 흉내 내는 등 상상력을 발휘하여 몸을 자유롭게 움직이게 합니다. 병원 놀이, 소방관 놀이, 요리사 놀이 등 아이가 좋아하는 역할을 정하거나 스스로 정하여 놀이를 합니다. 다양한 상황 속에서 인물의 감정과 행동을 표현하고 타인의 역할에 반응하며 공감 능력을 기릅니다. 스카프, 모자, 가방 등 간단한 소품을 제공하여 아이가 상상력을 발휘하여 다양하게 활용하도록 돕습니다. 막대기 하나가 마법 지팡이가 되는 것처럼 말이죠. 거울을 보며 다양한 표정(기쁨, 슬픔, 화남, 놀람 등)을 지어보고 자신의 얼굴 표정과 감정을 연결하는 활동을 합니다.

특정 음악을 들으며 떠오르는 느낌이나 이미지를 자유롭게 그림으로 표현합니다. 음악이 주는 감각과 감성을 시각적인 형태로 전환하는 활동입니다. 아이가 그린 그림을 보며 함께 이야기를 만들거나, 그림 속 인물이나 상황에 대해 역할극을 해봅니다. 아이의 상상력을 확장시키고 스토리텔링 능력을 향상시킵니다. 동화 속 장면이나 등장인물의 감정을 몸짓이나 표정으로 표현하는 활동을 합니다. 이야기의 내용을 이해하고 상상하여 신체적으로 표현하는 과정에서 우뇌와 감성이 동시에 자극됩니다.

유아기 예능교육은 아이를 특정 분야의 전문가로 만들기 위한 목적만을 가져서는 안 됩니다. 그보다는 아이의 우뇌를 깨우고 감성을 자라게 하여, 아이가 세상을 더욱 풍요롭고 다채롭게 느끼며 자신만의 고유한 색깔로 세상을 살아갈 수 있도록 돕는 데 초점을 맞춰야 합니다. 결과보다는 과정, 평가보다는 격려, 경쟁보다는 즐거움을 강조하는 예능 교육을 통해 우리 아이들은 좌뇌와 우뇌가 조화롭게 발달한 균형 잡힌 인재로 성장하고, 풍부한 감성으로 타인과 공감하며 행복한 삶을 만들어갈 수 있을 것입니다.

원에서는 24개월이 지나면 다양한 음악과 체육 그리고 오감 활동을 통하여 다양한 것을 듣고 몸으로 체험해 보며 느껴보게 합니다. 이렇게 나이에 맞게 다양한 활동들을 하다 보면 본인이 좋아하며 흥미를 느끼는 것들을 알아볼 수가 있습니다. 또한 6세 정도가 되면 두뇌 발달 검사를 검사지에 의해 실시하게 됩니다. 이때 좌뇌와 우뇌의 균형 상태를 파악하고 스트레스와 사회성 발달과 집중력 그리고 좌.우뇌 발달 등을 검사합니다. 부모님께 검사결과를 개별적으로 설명해 드린 후 가정에서 실천할 수 있는 맞춤형 미션도 안내해 드립니다. 또한 원에서도 좌.우뇌의 균형 발달을 위해 다양한 예체능과 질문형 학습 활동을 하게 됩니다. 이렇게 1년 동안 다양한 지도를 한 후 7세가 되어 졸업을 앞두고 다시 재검사를 실시합니다. 이때 대부분의 아동이 좌·우뇌 발달의 격차가 5 이하로 좁혀져 서로 균형 발전되고 있음을 부모님과 함께 확인할 수 있었습니다. 이러한 결과를 볼 때 예능 활동이 좌·우뇌 균형발달과 아이의 전인적 성장에 얼마나 중요한 역할을 하는지를 잘 보여줍니다. 예능 교육은 단지 예술적 기술을 익히는 것이 아니라, 아이가 세상을 더 깊이 느끼고, 자신을 자유롭게 표현하며, 풍부한 감성으로 타인과 어울릴 수 있는 힘을 길러주는 결정적 기회를 제공합니다.

예능 교육의 적기,
아이의 빛깔을 찾아주자

　우리는 아이들에게 다양한 것을 보여주고 싶어 합니다. 아이의 손을 잡고 미술관에 가고, 음악회에 데려가며, 발레 공연을 관람하기도 합니다. 아이의 가능성을 발견해주고 싶어 피아노 학원에 보내고, 미술 학원의 문을 두드리며, 태권도 도복을 입히기도 합니다. 특히 아이의 창의력과 감성을 키워주는 예능 교육에 대한 부모님들의 열정은 매우 뜨겁습니다. '우리 아이에게 딱 맞는 예능 교육은 무엇일까?', '언제 시작해야 가장 좋을까?'와 같은 고민은 모든 부모가 품는 공통된 질문일 것입니다. 하지만 때로는 이러한 열정이 아이에게 부담이 되거나, 아이가 아직 준비되지 않았을 때 억지로 시작함으로써 오히려 예능에 대한 흥미를 잃게 되는 경우도 있습니다. 옆집 아이가 바이올린을 시작했다는 소식에 조급해지거나, 또래보다 뒤처질까 불안해하며 아이의 '적기'를 놓칠까 염려하는 모습도 종종 보입니다. 과연 예능 교육의 '적기'는 언제일까요? 몇 살에 시작해야 아이가 재능을 발휘하고 예술을 즐길 수 있을까요?

그동안 아이들과 함께하며 깨달은 것은, 예능 교육의 적기는 달력에 표시된 특정 나이나 연령이 아니라는 점입니다. 아이가 마음의 문을 열고, 예술이라는 세계에 스스로 다가가고 싶어 할 때가 바로 그 시점입니다. 아이의 눈빛이 반짝이고, 손으로 무언가를 표현하려 시도하거나, 음악 소리에 귀 기울이는 모습을 보일 때가 그 적기입니다.

우리 아이는 무엇에 관심을 보이나요? 길을 가다가도 예쁜 색깔이나 모양에 눈길을 빼앗기지는 않나요? 콧노래를 흥얼거리거나 음악 소리에 몸을 들썩이지는 않나요? 무언가를 자꾸만 손으로 만지고 조작하며 만들려고 하지 않나요? 아이가 특정 활동(그림 그리기, 노래 부르기, 춤추기, 만들기 등)에 유난히 몰입하거나 즐거워하는 모습을 보인다면, 그것이 바로 아이가 예능에 마음을 열고 있다는 작지만 소중한 신호일 수 있습니다. 아이의 일상 속 작은 행동 하나하나에 관심을 기울이고, 아이가 보내는 신호에 민감하게 반응해 주세요.

아이는 무엇을 좋아하고 잘하는지 스스로는 알기 어렵습니다. 다양한 예능 활동을 직접 경험해보면서 자신의 흥미와 재능을 발견하게 됩니다. 거창한 학원에 등록하기 전에 집에서 물감으로 자유롭게 그림을 그리거나, 좋아하는 동요를 함께 부르거나, 신나는 음악에 맞춰 춤추는 시간을 가져보세요. 지역 문화센터의 단기 강좌나 체험 프로그램에 참여해보는 것도 좋습니다. 중요한 것은 '잘해야 한다'는 부담 없이, 그저 '즐겁게' 경험하는 것입니다. 다양한 씨앗을 뿌려주면, 아이의 마음에 맞는 씨앗이 싹을 틔울 것입니다.

아이가 그림을 그릴 때 "무엇을 그린 거야?"라고 정답을 묻거나, 노래를 부를 때 음정을 지적하기보다, 아이가 몰입하여 즐거워하는 모습 자체를 칭찬하고 격려해주세요. 아이의 서툰 표현에도 귀 기울여주고, 아이가 만들어낸 결과물에 대해 존중하는 태도를 보여주는 것이 중요합니다. "네가 그림 그릴 때 정말 행복해 보이는구나!", "이 노래를 이렇게 신나게 부르니 듣는 사람도 기분이 좋아지는 것 같아!"와 같이 아이의 감정과 노력에 초점을 맞춘 격려는 아이가 예능활동에 대한 긍정적인 인식을 갖고 꾸준히 참여할 수 있는 힘을 줍니다.

예능 활동은 아이가 자신의 내면을 표현하는 창구입니다. 부모의 욕심이나 기준에 맞춰 특정 악기나 활동을 강요하기보다, 아이가 여러 가지 예능 활동을 접해본 후 스스로 흥미를 보이는 분야를 선택하도록 존중해주는 것이 중요합니다. 아이가 스스로 선택한 활동에 더 큰 책임감과 애정을 가지고 참여할 가능성이 높습니다. 아이가 주도적으로 활동하며 자신만의 방식으로 표현할 때 창의력은 더욱 활발하게 발달합니다.

예능 교육의 적기는 아이마다 다르고, 한 아이에게도 여러 번의 '적기'가 찾아올 수 있습니다. 어떤 아이는 아주 어릴 때부터 특정 예능 분야에 강한 흥미를 보일 수도 있고, 어떤 아이는 초등학교에 들어가서야 비로소 자신의 적성을 발견할 수도 있습니다. 중요한 것은 아이의 발달 속도와 흥미를 존중하며, 아이가 예능을 통해 즐거움과 행복을 느끼도록 돕는 것입니다. 경쟁이나 성과에 대한 압박 없이, 그저 예술 활동 자체에서 오는 기쁨을 아이가 온전히 누릴 수 있도록 옆에서 따뜻하게 지지해주어야 합니다. 우리 아이들이 예능이라는 아름다운 날개를 달고 자신만의 색깔로 세상을 자유롭게 날아다닐 수 있도록, 부모와 교사는 아이의 마음에 귀 기울이며 그 '적기'를 인내심을 가지고 함께 찾아주어야 합니다. 아이의 눈빛이 반짝이는 그 순간, 예능 교육의 가장 아름다운 시작이 펼쳐질 것입니다. 아이의 재능을 발견하고 키워주기 위한 적절한 예능교육 시기는 다음 몇 가지 측면을 종합적으로 고려하여 판단하는 것이 좋습니다. 아이의 발달 단계, 개인적인 기질, 그리고 가장 중요한 '흥미'의 신호를 읽어내는 것이 핵심입니다.

0~2세: 감각을 자극하는 탐색 중심의 활동이 적합합니다. 음악 듣기, 손으로 물감 찍기 등 자유로운 경험이 중요합니다.

3~5세: 인지력과 운동 능력이 향상되어 간단한 악기 연주, 그림 그리기, 노래 따라 부르기 등 기초적 예능 활동이 가능합니다.

6세 이상: 체계적인 예능 교육이 가능하지만, 여전히 흥미와 자발성이 가장 중요합니다.

가정에서는 다양한 음악을 들려주고, 다양한 재료로 미술 활동을 하며, 자유롭게 움직일 수 있는 환경을 제공해야 합니다. 지역 커뮤니티나 유치원, 어린이집의 프로그램도 적극 활용해 아이가 다양한 예술적 자극을 경험하도록 해야 합니다. 도전적인 아이는 다양한 활동을 빠르게 경험하게 하고, 조심스러운 아이는 기다려주며 편안한 분위기를 조성해 줍니다. 익숙해진 후 스스로 참여할 수 있도록 격려해주는 것이 중요합니다.

원에서는 3, 4세에는 다양한 재료의 오감놀이를 하고 유아체육이나 스페셜 뮤직을 통하여 다양한 음악을 듣고 마라카드나

소고 등으로 박자를 느껴보게 하고 유아체육을 통하여 다양한 몸동작을 해봅니다. 5세의 경우에는 언어의 재능을 찾아주기 위하여 다국어(영어, 중국어, 스페인어) 교육을 하고 유아체육을 통해 발레와 태권도를 시도해 봅니다. 6, 7세가 되면 좀 더 세부적인 활동을 해봅니다. 체육활동에는 방송댄스와 골프로 세밀한 동작을 해보고 우쿨렐레와 바이올린 그리고 피아노를 통해 음악활동을 하게 되고 전문강사를 통한 미술활동과 영어로 뮤지컬 작품도 하게 됩니다. 특히 음악에 재능이 있는 아이들은 자유놀이 시간을 활용해 피아노를 연주하며 놀이로 즐깁니다. 적극적인 아이는 잘하는 친구를 따라 시도하고, 점차 실력을 키워 다른 친구에게도 가르쳐 줍니다. 이처럼 놀이를 통해 가르치는 과정은 놀라운 배움과 성장으로 연결됩니다. 이때 이미 청음과 시음이 열려 있는 친구들은 피아노에 재능을 들어내기도 합니다. 예능 교육의 적기는 단 가지 방법이 아닙니다. 여러 차례 찾아올 수 있으며, 그 시기를 잘 읽어주고 준비된 환경을 제공해 줄 때 아이는 자신만의 방식으로 예술과 감성을 꽃피울 수 있습니다. 우리 아이들이 예체능이라는 아름다운 날개를 달고 자신만의 색깔로 자유롭게 날아다닐 수 있도록, 부모와 교사는 아이의 마음에 귀 기울이며 그 '적기'를 인내심을 가지고 함께 찾아주는 조력자가 되어주어야 합니다. 아이의 눈빛이 반짝이는 바로 그 순간, 예능 교육의 아름다운 시작이 열릴 것입니다.

삶을 풍요롭게 하는
예술의 힘

　우리는 자녀에게 좋은 것을 물려주고 싶어 합니다. 안정적인 환경, 양질의 교육 기회, 물질적인 풍요까지도 포함될 수 있습니다. 그러나 제가 32년간 아이들과 함께하며 얻은 가장 큰 깨달음은, 이 모든 것보다 더 중요하고 귀한 것은 아이의 삶에 진정한 행복과 풍요로움을 가져다주는 '재산'이 있다는 사실입니다. 그것은 바로 아이 마음속에 깊이 뿌리내린 '예술', 즉 예능이라는 아름다운 씨앗입니다. 유아기부터의 예술 경험은 단순한 활동을 넘어 아이의 삶 전체를 비추는 등불이 됩니다. 음악, 미술, 무용, 연극 등의 예술 활동은 아이의 내면을 풍요롭게 하고, 표현력과 감성, 사회성, 회복 탄력성을 길러줍니다.
　아이들은 때로 말로 표현하기 어려운 감정이나 생각을 그림으로, 노래로, 몸짓으로 나타냅니다. 기쁨, 슬픔, 분노, 불안 등 복잡한 감정들이 예능 활동을 통해 자연스럽게 해소되고 건강하게 표현됩니다. 자신의 내면을 솔직하고 창의적으로 표현하는 능력은 아이가 성장하여 복잡한 사회생활 속에서도 자신을 잃지 않고 건강하게 소통하며 살아가는 중요한 힘이 됩니다. 아무리 뛰어난 지식이나 기술을 가졌다 하더라도 자신을 제대로 표현하지 못한다면 그 능력을 발휘하기 어렵습니다. 예능은 아이에게 그 표현의 길을 열어 줍니다.

다양한 예술 작품을 접하고 스스로 아름다움을 표현하는 경험은 아이의 눈을 열어 세상 곳곳에 숨겨진 아름다움을 발견하게 합니다. 노을의 붉은빛에서 감동을 느끼고, 새의 노랫소리에서 즐거움을 찾으며, 흩날리는 꽃잎에서도 예술을 느낄 수 있는 마음은 삶을 더욱 풍요롭고 의미 있게 만듭니다. 급변하는 세상 속에서도 아름다움을 발견하고 작은 것에서 행복을 느끼는 능력은 아이의 삶에 큰 위로와 기쁨이 될 것입니다.

악기 연주를 배우다가 어려운 곡에 부딪히거나, 그림을 그리다가 마음에 들지 않아 다시 시도해야 할 때, 아이는 좌절감과 마주합니다. 하지만 포기하지 않고 꾸준히 연습하여 결국 해냈을 때 아이는 큰 성취감과 '나도 할 수 있다'는 자신감을 얻습니다. 이러한 경험은 아이에게 실패를 두려워하지 않고 다시 도전하는 용기, 즉 회복탄력성을 길러줍니다. 삶의 여정에서 어려움과 시련은 언제든 찾아올 수 있습니다. 예능 활동을 통해 어려움을 극복하는 힘을 기른 아이는 어떤 역경 속에서도 다시 일어서 빛을 향해 나아갈 수 있을 것입니다.

학업이나 경쟁으로 지친 아이들에게 예능 활동은 잠시 숨을 고르고 마음껏 자신을 표현하며 스트레스를 해소할 수 있는 안전한 피난처가 될 수 있습니다. 좋아하는 음악을 듣거나 연주하며 마음의 안정을 찾고, 그림을 그리며 복잡한 감정을 풀어내고, 춤을 추며 에너지를 발산하는 과정은 아이의 정서적 건강에 매우 긍정적인 영향을 미칩니다. 예능은 아이가 자신의 감정을 건강하게 다루고 관리하는 법을 배우도록 돕습니다.

예능 활동은 정해진 답이 없어 아이 스스로 생각하고 새로운 아이디어를 떠올리도록 격려합니다. 무한한 상상력을 발휘하여 자신만의 세계를 만들고 표현하는 과정에서 창의적인 사고 능력이 발달합니다. 원하는 색깔을 만들거나, 만들고 싶은 형태가 잘되지 않을 때, 혹은 역할극 중 예상치 못한 상황에 직면했을 때 아이는 스스로 해결책을 찾으려 시도합니다. 이러한 과정은 창의적인 문제 해결 능력을 길러줍니다. 노래 가사나 멜로디, 춤 동작, 연극 대사 등을 기억하고 표현하는 과정에서 기억력이 발달합니다. 좋아하는 예능 활동에 몰입하는 경험은 아이의 집중력을 향상시키고, 이는 다른 학습에도 긍정적인 영향을 미칩니다. 그림을 구성하거나, 블록으로 형태를 만들고, 춤을 추며 공간을 활용하는 활동은 아이의 공간 지각 능력을 발달시킵니다. 악기 소리를 듣고 음의 높낮이나 장르를 구분하는 등의 활동은 인지적인 변별력과 추리력을 기르는 데 도움이 됩니다.

예능은 아이가 자신의 다양한 감정(기쁨, 슬픔, 분노, 불안 등)을 그림, 노래, 춤, 연기 등 다양한 방식으로 건강하게 표현하도록 돕습니다. 감정을 해소하고 표출하는 과정을 통해 자신의 감정을 인식하고 조절하는 능력을 배웁니다. 자신의 표현이 존중받고 가치 있게 여겨지는 경험, 그리고 예능 활동을 통해 작은 성취를 이루는 경험은 아이에게 '나는 할 수 있다'는 긍정적인 자아 효능감과 건강한 자존감을 심어줍니다. 좋아하는 예능 활동에 몰입하는 것은 아이에게 큰 즐거움과 행복감을 줍니다. 음악을 듣거나 부르며 마음의 안정을 찾고, 신체 활동으로 스트레스를 해소하는 등 긍정적인 정서를 경험하며 정서적으로 건강하게 성장합니다. 함께 노래하고, 악기를 연주하고, 춤추고, 연극하는 공동 예능 활동은 아이들이 서로의 소리에 귀 기울이고, 서로의 움직임에 반응하며, 자신의 역할을 다하고 타인과 협력하는 방법을 배우는 중요한 기회가 됩니다. 연극에서 다른 사람의 역할을 경험하거나, 그림이나 음악에 담긴 타인의 감정을 느끼려 노력하는 과정에서 공감 능력이 발달합니다. 이는 타인의 감정을 이해하고 배려하는 사회적인 태도를 기르는 데 도움이 됩니다. 예능 활동을 통해 서로를 격려하고 지지하며 즐거움을 나누는 경험은 또래 및 어른과의 긍정적인 관계를 형성하는 데 기여합니다.

그림을 그리거나, 악기를 다루는 등의 활동은 손가락과 손목 등 소근육 발달에 도움을 줍니다. 춤을 추거나 연극에서 다양한 동작을 표현하는 것은 대근육 발달과 신체 조절 능력을 향상시킵니다. 보고 들은 것을 손이나 몸으로 표현하는 과정(예: 악보를 보고 악기를 연주하거나, 음악을 듣고 춤을 추는 것)은 눈과 손의 협응력을 기릅니다. 각, 청각, 촉각 등 다양한 감각을 동시에 사용하고 통합하여 표현하는 예능 활동은 아이의 감각 통합 능력 발달에 매우 중요합니다.

예능 교육은 이러한 다양한 발달 영역을 분리하여 가르치는 것이 아니라, 활동 하나하나를 통해 이 모든 영역을 동시에 자극하고 통합합니다. 예를 들어, 친구와 함께 동화 속 장면을 연극하는 활동은 단순히 대사 외우기나 동작 따라 하기가 아니라, 동화 내용을 이해하고(인지), 등장인물의 감정을 느끼고 표현하며(정서), 친구와 역할을 나누고 소통하며(사회성), 몸과 목소리를 활용하여(신체) 이야기를 만들어내는(창의성/상상력) 전인적인 과정입니다.

예능은 아이의 뇌를 활성화시키고, 마음을 풍요롭게 하며, 몸을 건강하게 움직이도록 돕는 통합적인 교육입니다. 유아기부터 예능을 통해 전인적으로 고르게 성장한 아이는 학업 능력뿐만 아니라, 세상을 아름답게 바라보는 눈, 타인과 따뜻하게 소통하는 마음, 어려움 속에서도 빛을 발견하는 힘을 가진 단단하고 행복한 사람으로 자라날 것입니다.

유아기에 경험한 예술은 아이의 내면에 깊이 스며들어 성인이 된 이후에도 지속적인 정서적 지지 기반이 됩니다. 아름다움을 볼 줄 아는 눈, 자신을 표현하는 용기, 타인과 연결되는 감성, 어려움을 이겨내는 내면의 힘—이 모든 것은 유아기 예술 경험을 통해 길러집니다.

예능은 잠시 즐기다 마는 놀이가 아닙니다. 그것은 아이의 삶 전체를 풍요롭게 하는 정신적 자산이며, 삶을 살아가는 데 가장 근본적인 힘을 길러주는 교육입니다.

세계를 꿈꾸는 아이, 꿈을 향한 첫걸음

 우리는 태어나는 순간부터 삶이라는 거대한 여정 속에 던져집니다. 그리고 그 여정의 모든 순간은 크고 작은 도전의 연속이라고 말할 수 있습니다. 첫걸음마를 배우는 아기에게도, 낯선 환경에 적응해야 하는 유아기 시절에도, 새로운 관계를 맺고 사회생활을 시작하는 청소년에게도, 그리고 노년에 이르러 지난 삶을 되돌아보고 다가올 시간을 준비하는 어른에게도, 도전은 형태와 무게만 다를 뿐 늘 우리 곁에 함께 합니다. 그렇기에 어려서부터 호기심을 키워주고 도전정신을 갖게 해준다면 아이들의 마음에 언제나 놀라운 꿈이 모락모락 피어오를 것입니다.
 인생의 도전은 단순히 어려운 과제를 해결하는 것만을 의미하지 않습니다. 그것은 때로는 예기치 못한 고난의 형태로 찾아오기도 하고, 때로는 스스로 세운 목표를 향해 나아가는 과정이기도 합니다. 사랑하는 사람과의 이별, 실패의 쓴맛, 건강의 위기, 경제적인 어려움 등 우리는 살면서 수많은 시련과 마

주하게 됩니다. 이러한 고난은 우리에게 깊은 슬픔과 절망감을 안겨줄 수 있지만, 동시에 우리가 얼마나 강인한 존재인지를 깨닫게 해주는 계기가 되기도 합니다. 아픔을 통해 우리는 세상을 더 깊이 이해하게 되고, 타인의 고통에 공감하는 마음을 배우게 됩니다. 상처는 아물면서 더 단단한 흉터가 되어 우리 내면에 강하게 남아 증거로 보여줍니다.

프랑스 태생의 잔 다르크(Joan of Arc, 1412년경 ~ 1431년)는 프랑스의 시골에서 태어난 작은 소녀였던 잔 다르크는 10대 초반부터 신의 계시를 받았다고 주장하며, 당시 영국의 침략으로 위기에 처한 프랑스를 구원하기 위해 나섰습니다. 여자아이지만 남자처럼 머리를 자르고 갑옷을 입은 채 프랑스왕 샤를7세를 찾아가 자신에게 군대를 달라고 요청하였는데 그것은 당시 사회 통념상 상상하기 어려운 파격적인 도전이었습니다. 불과 17세의 나이로 오를레앙 전투를 승리로 이끌며 프랑스를 구원하는 데 결정적인 역할을 했습니다. 어린 나이에도 불구하고 자신의 믿음과 대의를 위해 기성 질서에 도전하는 용기를 보여주었습니다. 지도력과 결단력을 발휘하며 불가능해 보였던 전쟁에서의 임무를 성공시켰고, 프랑스 국민들에게 희망과 용기를 주었습니다.

저도 유아교육을 위한 지침서를 집필하는 작가라는 꿈을 향해 나아가는 과정 역시 무수한 도전의 연속입니다. 전문 지식을 쌓고, 독자들에게 공감을 얻을 수 있는 따뜻하고 유익한 글을 쓰는 것은 결코 쉬운 일이 아닙니다. 하지만 그 도전을 통해 나만의 깊이 있는 통찰과 따뜻한 마음이 담긴 귀한 글들이 탄생할 것이라 믿고 열심히 노력하고 있습니다. 힘든 순간이 찾아오더라도 너무 좌절하거나 힘들어 하지 않고 이 모든 과정이 나를 더 성장하게 만들어 줄 것이라고 믿으며 도전을 이어 나가겠습니다.

　이렇게 도전은 우리에게 새로운 관점을 열어주기도 합니다. 익숙한 방식에서 벗어나 새로운 시도를 할 때, 우리는 미처 생각하지 못했던 가능성들을 발견하게 됩니다. 실패를 통해 우리는 겸손함을 배우고, 성공을 통해 우리는 더 큰 목표를 꿈꿀 용기를 얻습니다. 이 모든 과정이 쌓여 우리는 더욱 단단하고 지혜로운 사람으로 성장하게 됩니다.

　원에서 새 학기가 되면 부모를 떠나 새로운 교실과 담임선생님을 만나게 되면 어린 친구들은 두려움에 조금은 주춤하며 뒤로 가기도 하고 울음으로 대신하기도 합니다. 그럴 때마다 교사는 천천히 설명해 주면서 기다려주게 됩니다. 그래서 원에서도 담임교사와 천천히 교실과 어린이집을 1층부터 옥상까지 익히며 교실에 배치되어 있는 다양한 교구들도 자세한 설명과 함께 만져보고 두들겨 보게 해주며 친구들과도 익숙해지도록 시간을 갖고 기다려주게 됩니다.

　둘째 주가 되어 담임선생님과 익숙해지면 외부 강사 특별활동으로 늘려가면서 전반적인 원 생활이 적응해 가면서 식사와 낮잠 등 원의 정상적인 생활을 해나가게 됩니다. 부모 품을 떠나서 새로운 환경에 접하게 되고 새로운 양육자를 만난다는 것은 영아들에게는 굉장한 도전이자 힘든 과정입니다. 교사도 신학기의 이 모든 일을 혼자 감당하기가 어려울 때는 보조 선생님께 도움을 요청하거나 어려운 상황을 솔직하게 서로 나누기도 합니다. 그럴 때 새로운 팁과 경험담을 함께 나누며 서로 지지와 격려를 하며 헤쳐 나가게 됩니다. 부모님들도 우리 아이 한두 명도 어려운데 많은 아이를 신학기에 동시에 적응시킨다는 것은 큰 능력이자 매 학기 새로운 도전입니다.

그동안 원을 두 번의 신축을 한다는 것은 놀라운 도전이었습니다. 이제는 다른 시설들과 비교해도 부족함이 없는 시설에서 아이들을 지도할 수 있음을 감사드립니다. 공사가 조금씩 미뤄져 힘든 시기도 있었지만, 차분한 마음으로 믿고 기다리며 차곡차곡 문제를 해결해 나갔더니 결국은 성공에 이르게 되었고 지금의 아름다운 건물과 많은 유아들을 만나는 축복을 얻게 되었습니다. 아이들에게도 무한한 꿈과 희망을 주며 다양한 것에 도전할 수 있는 힘과 강점을 만들어 주기 위해 더 많은 경험과 기초학습능력 그리고 다양한 체험학습을 통해 건강하게 세계를 향해 도전적으로 자랄 수 있도록 도우며 노력하겠습니다.

도전이란 익숙한 방식에서 벗어나 새로운 관점을 열어주고 새로운 시도를 하여 또 다른 가능성을 발견하고, 다양한 실패 속에서도 겸손을 배우고, 성공 속에서는 더 큰 꿈을 향한 용기를 얻게 할 것입니다. 도전은 우리를 단단하고 지혜로운 사람으로 성장 시켜주는 최고의 자극제입니다.

지금 이 시대를 살아가는 아이들에게도 다양한 경험과 체험을 통해 도전할 수 있는 힘을 길러주는 것이 중요합니다. 우리가 전해 줄 수 있는 가장 큰 선물은 그들이 꿈꾸고 도전할 수 있도록 용기와 기회를 주는 것입니다. 아이들의 눈빛이 반짝일 때, 그 속엔 이미 세계를 향한 가능성과 희망이 담겨있습니다. 어려서부터 독립심을 길러주는 것도 중요합니다. 길을 갈 때에도 손을 꼭 잡고 가기보다는 뒤에서 안전하게 지켜보며 앞장서서 걸어가도록 믿고 뒷받침해 주는 것이 도전 정신을 심어주는 길입니다.

er
제 4 장

자녀의 자율성 성장 지원

밝고 적극적인 아이,
놀이 속에서 자율성을 배우자

　모든 부모는 자녀가 잘되기를 바랍니다. 건강하고, 똑똑하고, 바르게 성장하여 세상 속에서 제 몫을 다하며 행복하게 살아가기를 소망합니다. 이러한 부모의 마음은 때때로 아이에게 좋은 것을 해주고 싶은 열정으로, 때로는 아이의 부족한 부분을 채워주고 싶은 조바심으로 나타나기도 합니다. 그러나 아이를 밝고 놀이에 적극적인 아이로 키우는 것은 부모의 도움만으로는 어려움에 부딪칠 수 있으며 이는 유아기 발달에 있어 매우 중요한 부분입니다. 이는 교육학적으로도 깊은 의미를 가지게 되고, 이 놀이는 단순히 시간을 보내는 활동이 아니라, 아이들이 세상을 배우고 성장하는 가장 자연스럽고 효과적인 방법이기 때문입니다.

　유아기의 놀이는 삶 그 자체이자 교육의 시작점이라고 할 수 있습니다. 교육학에서도 놀이를 통해 아이들이 주변 세계와 상호작용하며 즐거움을 느끼게 되고, 자신의 주도성을 발휘하며 지속적으로 성장하는 과정이라고 정의합니다. 놀이는 아이들이 다양한 감정을 경험하고 생활 습관을 익히는 데 필수적이며, 제대로 놀지 못하면 스트레스를 받을 수도 있다고 합니다.

인지 발달 부분에서도 놀이를 통해 아이들은 문제 해결 능력, 창의적 사고, 논리적 사고 등을 기릅니다. 예를 들어, 블록 쌓기를 하며 공간 개념을 익히거나, 역할놀이를 통해 상황을 이해하고 예측하는 능력을 키울 수 있습니다. 역할놀이는 아이를 똑똑하고 건강하게 성장시키는 데 효과적입니다.

사회성 및 정서 발달에서도 또래와의 놀이를 통해 협력, 규칙 준수, 타인과의 관계 맺기 등을 배우게 됩니다. 갈등을 해결하는 과정에서 사회적 기술을 습득하고, 자신의 감정을 표현하고 조절하는 방법을 익히며 정서적으로도 안정감을 찾게 됩니다. 놀이는 아이들이 각종 감정과 생활을 익히는 데 중요한 통로 역할을 하게 됩니다.

신체 발달적으로도 뛰고, 구르고, 만들고, 조작하는 등 다양한 신체 활동을 통해 대근육과 소근육이 발달하고 신체 조절 능력과 코어기능이 향상되기도 합니다.

언어 발달에 있어서도 놀이의 상황 속에서 자신의 생각이나 느낌을 표현하고 타인의 이야기를 들어 줄 때에 언어 능력이 자연스럽게 발달하게 됩니다. 역할놀이 등은 언어 사용 기회를 풍부하게 제공하게도 합니다. 부모님이 아이의 놀이를 지원할 수 있는 구체적인 방법들을 보면 이런 것들이 있습니다

아이들이 자유롭고 안전하게 탐색하고 실험하며 실패를 두려워하지 않고 마음껏 놀 수 있는 물리적, 심리적 환경을 마련해 주어야 합니다. 다양한 놀잇감과 재료를 제공해 주어야 하지만 너무 많은 장난감보다는 아이가 상상력을 발휘할 수 있는 열린 재료를 제공하는 것이 좋습니다.

아이가 스스로 놀이를 선택하고 몰입하는 과정을 존중해야 합니다. 부모나 교사는 놀이에 직접 개입하기보다는 아이의 놀이를 주의 깊게 관찰하며 아이의 흥미, 생각, 어려움을 파악하는 것이 중요합니다. 관찰을 통해 아이에게 필요한 지원이 무엇인지 이해할 수 있으며 놀이의 가치를 인정하고 즐겁게 참여하는 모습을 보여주는 것은 아이에게 좋은 영향을 미칩니다. 또한 아이의 놀이에 관심을 갖고 칭찬과 격려를 아끼지 않으면 아이는 더욱 자신감을 갖고 적극적으로 놀이에 참여하게 됩니다. 아이의 놀이가 더욱 풍부해질 수 있도록 적절한 질문을 함께 던져보거나 새로운 재료를 제공하는 등 '비계 설정(Scaffolding)' 역할을 할 수 있습니다. 예를 들어, 블록으로 집을 짓는 아이에게 "이 집에는 누가 살까?", "더 튼튼하게 만들려면 어떻게 할까?"와 같은 질문으로 아이의 생각을 확장하도록 돕는 것입니다.

원이나 놀이터 등에서 또래와 함께 놀 기회를 자주 만들어주고, 놀이 중 발생하는 갈등 상황에서는 아이들 스스로 해결하도록 기다려주되 필요시에는 긍정적인 방법으로 갈등을 해결하도록 안내해 주는 것이 좋습니다. 또한 산만한 영유아들이 놀이에 적극적으로 참여하도록 지원하는 역할을 하기도 합니다.

다양한 유형의 놀이 중 신체 놀이, 탐색 놀이, 구성 놀이, 역할놀이, 규칙 있는 놀이 등 다양한 유형의 놀이를 경험하도록 지원해야 합니다. 각기 다른 유형의 놀이는 아이의 다양한 발달 영역을 자극합니다. 역할놀이는 아이의 인지 발달에 많은 도움이 되기도 합니다. 그리고 결과보다는 과정 중심의 놀이로 결과물보다는 놀이에 참여하는 과정 자체를 중요하게 생각해야 합니다. 아이가 놀이를 통해 즐거움을 느끼고 배우는 경험 자체가 가장 큰 가치입니다.

놀이는 아이의 타고난 본능이자 권리입니다. 아이는 놀이를 통해 세상을 탐험하고 자신을 표현하며 긍정적인 자아를 형성할 수 있도록 도와주는 것은 아이의 행복하고 건강한 성장을 위한 가장 확실한 투자입니다.

만 3세 이상의 친구들의 경우에도 겉으로는 모든 아이가 다 잘 놀고 있는 것 같아 보이고 모두가 자기 역할을 잘하고 있는 듯 보일 수가 있습니다. 그러나 자세히 보게 되면 놀이를 관망만 하고 내성적이어서 참여하지 못하는 친구가 있을 수 있고 또는 놀이를 하고 있는 모둠에 들어가서도 선뜻 놀이를 이끌거나 주도하지 못하고 겉도는 친구들이 있습니다. 이럴 때는 교사가 자연스럽게 개입하여 방향을 조금씩 다르게 유도하며 모든 친구가 다 참여하도록 이끌어 주어야 하고 상황이 순조롭게 진행되면 교사는 자연스럽게 빠져나오는 것도 중요합니다.

이 시기에는 간혹 남의 놀이에 방해하는 친구도 있습니다. 이런 친구들은 교사가 개입하여 둘이서 놀이를 연습하고 참여하고 이끌어 가는 법을 자연스럽게 익히게 해주는 것이 좋습니다. 이렇게 놀이를 통하여 자연스럽게 자신의 마음과 생각을 나타내 보이기도 하고 사회성 발달을 이끌어 내는 계기가 될 수도 있습니다. 또한 형제나 쌍둥이 하물며 또래 친구들 간에도 2명 이상이 모인 곳에는 자연스럽게 서열이 생기게 됩니다. 이럴 때 교사는 그 상황을 이해하며 잘 지켜봐 주어야 하며 그것을 방해하기보다는 규칙과 관계 상호작용 방법 등을 자연스럽게 잘 익혀나가도록 도와주는 것이 좋습니다.

가정에서도 하원해서부터 다음 날 오전 등원 시까지 놀이와 정리, 내일의 준비까지 놀이처럼 스스로 할 수 있는 힘을 길러주는 것이 중요합니다. 아침 시간에 많이 바쁘기 때문에 성급하고 갑작스럽게 무언가를 조급해할 때 아이들은 두려워하고 등원에 대한 흥미를 잃을 수가 있습니다.

시행착오를 통해 배우는 아이

　아이를 키우는 일은 마치 어린 새를 둥지 밖으로 내보내는 과정과 같습니다. 솜털 보송한 아기 새에게 세상은 너무나 넓고 위험해 보입니다. 부모 새는 본능적으로 아기새를 보호하고 안전한 둥지 안에 머물게 하고 싶어 합니다. 하지만 아기 새가 언젠가 스스로 하늘을 날아오르기 위해서는, 둥지 밖 세상으로 나가 날갯짓을 배우고, 때로는 떨어지고 부딪히는 '시행착오'를 겪어야만 합니다. 너무나 사랑스럽고 소중한 우리 아이들 역시 마찬가지입니다. 부모의 따뜻한 품 안에서 안전하게 자라는 것도 중요하지만, 궁극적으로는 스스로의 힘으로 삶을 살아갈 독립적인 존재로 성장해야 합니다. 그리고 그 성장의 과정에서 반드시 필요한 것이 바로 '시행착오를 겪는 경험'입니다.

　아이들이 처음에 원에 와서 숟가락질도 서툴러 밥을 흘리고, 블록 쌓기에 실패해 무너뜨리고 울음을 터뜨리고, 친구와 다투고 속상해하는 아이들의 모습을 보며 안쓰러운 마음이 들 때가 많았습니다. 부모님들의 마음은 오죽할까 싶었지요. 아이가 힘들어하거나 실패하는 모습을 차마 보지 못해 대신 숟가락을 쥐어 주고, 무너진 블록 탑을 다시 쌓아주고, 친구와의 갈등에 직접 개입하여 해결해주고 싶은 마음이 드는 것은 너무나 당연한 부모의 사랑일 것입니다.

저는 그 오랜 시간 동안 깨달았습니다. 부모의 이러한 '도움'이 아이를 일시적으로 편안하게 해줄 수는 있지만, 장기적으로 보았을 때 아이의 성장에 방해가 될 수 있다는 것을요. 아이가 스스로 겪어야 할 작은 실패와 어려움의 기회를 부모가 대신 해결해줌으로써, 아이는 스스로 문제를 해결하는 방법을 배울 기회를 잃게 됩니다. 넘어지기 전에 일으켜 세워주면 다시 일어나는 법을 배울 수 없고, 실패를 경험하기 전에 성공만 하게 해주면 실패했을 때 어떻게 대처해야 할지 알 수 없게 됩니다. 마치 부모 새가 계속 먹이를 물어다 주면, 아기 새는 스스로 사냥하는 법을 배우지 못하는 것과 같습니다.

'시행착오를 겪게 하라'는 말은 아이를 방치하거나 무관심하라는 뜻이 결코 아닙니다. 그것은 아이를 향한 깊은 사랑과 믿음의 또 다른 표현입니다. 아이가 스스로의 힘으로 무언가를 해낼 수 있다는 잠재력을 믿고, 그 과정을 인내심을 가지고 지켜봐 주며, 필요한 순간에만 적절한 지지와 격려를 보내주는 것입니다. 아이가 넘어졌을 때 즉시 달려가 일으켜 세워주기보다, 아이 스스로 일어나려 애쓰는 모습을 기다려주고, 결국 일어섰을 때 아낌없는 박수를 보내주는 것과 같습니다.

아이는 무언가를 시도하고 실패했을 때, '왜 실패했을까?', '어떻게 하면 성공할 수 있을까?' 스스로 생각하게 됩니다. 다른 방법을 시도해보고, 주변을 탐색하며 필요한 도구를 찾아보고, 전에 했던 경험을 떠올리며 해결책을 모색하는 과정 속에서 아이는 문제 해결의 다양한 전략을 자연스럽게 습득합니다. 부모가 답을 알려주는 것보다 아이 스스로 답을 찾아가는 과정이 아이의 뇌를 훨씬 더 활성화시키고 창의적인 사고 능력을 길러줍니다.

 시행착오를 통해 아이는 실패는 끝이 아니라 다시 시작할 수 있는 기회라는 것을 배웁니다. 원하는 대로 되지 않았을 때 좌절하고 속상해하기도 하지만, 포기하지 않고 다시 시도하여 결국 성공했을 때 느끼는 기쁨은 이전의 좌절감을 상쇄하고도 남을 만큼 큽니다. 이러한 경험은 아이에게 역경 앞에서 쉽게 무너지지 않고 다시 일어설 수 있는 강한 마음의 근육, 즉 회복탄력성을 길러줍니다. 목표를 달성하기 위해 꾸준히 노력하는 인내심 또한 함께 자라납니다.

 부모의 도움 없이 스스로 문제를 해결하고 시행착오 끝에 성공을 맛본 아이는 '나는 할 수 있다'는 강력한 효능감을 느끼게 됩니다. 이는 '누가 도와줘서 된 것'이 아닌, '내 스스로의 힘으로 해낸 것'이기 때문에 그 자신감은 훨씬 단단하고 오래갑니다. 스스로를 믿는 마음은 아이가 앞으로 새로운 도전을 두려워하지 않고 자신의 잠재력을 마음껏 펼칠 수 있는 중요한 밑거름이 됩니다.

 정해진 방식대로만 하다가 실패했을 때, 아이는 '다른 방법은 없을까?' 고민하게 됩니다. 이러한 고민 속에서 기존의 틀을 벗어난 독창적이고 창의적인 아이디어가 떠오르기도 합니다. 예상치 못한 실패 속에서 얻은 새로운 발견이나 깨달음은 아이의 창의성을 자극하는 중요한 자원이 됩니다.

시행착오를 통해 배우고 성장하는 경험은 아이에게 학습 자체에 대한 긍정적인 인식을 심어줍니다. 틀리는 것을 두려워하지 않고 질문하고 시도하며, 실수 속에서 배우는 즐거움을 알게 됩니다. 이러한 태도는 아이가 평생에 걸쳐 배움을 즐기는 사람으로 성장하는 데 필수적입니다.

그렇다면 부모는 아이가 시행착오를 잘 겪으며 성장하도록 어떻게 도울 수 있을까요? 무작정 아이를 내버려두라는 뜻이 아닙니다. 아이에게 안전한 울타리가 되어주되, 그 안에서 자유롭게 탐색하고 도전할 기회를 충분히 제공해야 합니다.

아이가 신체적으로나 정서적으로 안전함을 느끼는 환경에서 시행착오를 두려워하지 않고 시도할 수 있습니다. 아이의 나이에 맞는 안전한 놀이 공간을 마련해주고, 실패나 실수를 했을 때 비난하거나 야단치기보다 괜찮다고 말해주는 정서적인 지지가 중요합니다.

또한 아이가 스스로 무언가를 하려고 시도할 때, 즉시 나서서 도와주거나 대신 해주지 말고 인내심을 가지고 지켜봐 주세요. 아이가 스스로 해결 방법을 찾도록 시간을 주는 것이 중요합니다. 너무 힘들어하거나 위험한 상황이 아니라면, 아이 스스로 해낼 때까지 기다려주는 용기가 필요합니다. 아이는 어려움을 겪거나 실패했을 때 "어떻게 하면 좋을까?", "무엇을 다르게 시도해볼 수 있을까?"와 같이 해결 방법을 직접 제시하기보다 아이 스스로 생각하도록 유도하는 질문을 던져주세요. 아이의 노력과 시도 자체를 칭찬하고 "조금만 더 노력해보자!", "넌 할 수 있어!"와 같이 격려하는 것은 아이에게 큰 힘이 됩니다.

아이가 실패를 경험했을 때 부모 스스로가 경험했던 실패와 그를 통해 배웠던 점들에 대해 아이에게 이야기해 주세요. 실패는 부끄러운 것이 아니라 성장의 자연스러운 과정임을 아이가 배우도록 돕습니다. 아이의 실패를 비난하거나 놀리기보다, "괜찮아, 실패는 배우는 거야"와 같이 긍정적으로 이야기해주세요. 또한 결과가 완벽하지 않더라도 아이가 노력하고 시도한 과정에 대해 구체적으로 칭찬해 주세요. "탑은 무너졌지만, 블록을 이렇게 높이 쌓으려고 애쓴 네 노력이 정말 대단해!"와 같이 아이의 노력 자체를 인정해 주면, 아이는 결과에 상관없이 다시 도전할 동기를 얻습니다.

아이의 발달 수준에 맞는 적절한 난이도의 과제를 제시하여 아이가 스스로 해결하고 작은 성공 경험을 쌓도록 돕는 것도 중요합니다. 작은 성공들은 아이에게 자신감을 주고 더 큰 도전에 나설 용기를 줍니다. 놀이는 아이가 가장 안전하고 즐겁게 시행착오를 경험하는 방법입니다. 블록 쌓기, 퍼즐 맞추기, 만들기 활동, 역할놀이 등 자유로운 놀이 속에서 아이는 수많은 시행착오를 겪으며 배우고 성장합니다. 놀이에 대한 부모의 지지와 허용적인 태도가 중요합니다.

아이에게 시행착오를 겪게 하는 것은 부모가 아이에게 줄 수 있는 가장 귀한 선물 중 하나입니다. 당장의 편안함 대신 아이의 미래를 위한 단단한 성장통을 선택하는 부모의 용기 있는 사랑입니다. 아이가 스스로 넘어지고 일어서는 과정을 통해 배우고 성장하며 자신만의 힘으로 세상을 헤쳐 나갈 수 있도록, 부모는 믿음의 눈으로 아이를 지켜봐주고 따뜻한 격려를 보내주는 든든한 버팀목이 되어주어야 합니다.

우리 아이들이 시행착오를 두려워하지 않고 자신만의 방식으로 세상을 탐험하며, 넘어질 때마다 스스로 일어나는 법을 배우고, 실패 속에서 더 단단하고 치밀해지는 경험을 통해 진정으로 강하고 독립적인 사람으로 성장할 수 있기를 소망합니다.

매일 상상하고
기록하는 습관 기르기

　꿈은 단지 머릿속 생각에 머물 때 흐릿하지만, 그것을 매일 구체적으로 상상하고 기록하는 순간 현실이 될 가능성이 커집니다. 상상은 꿈의 씨앗이고, 기록은 그 씨앗에 물을 주는 행위입니다. 매일 상상하며 꿈을 생생하게 만들고, 그것을 글로 적거나 그림으로 그려 눈에 보이게 하면 뇌는 그 꿈을 현실로 인식하고 목표 달성을 위한 방법을 찾기 시작합니다.

　유명한 올림픽 선수들은 매일 자신이 경기에서 승리하는 모습을 상상하고, 훈련 과정을 꼼꼼히 기록하며 부족한 점을 개선합니다. 작가 지망생은 매일 쓰고 싶은 이야기의 장면들을 떠올리고 아이디어를 메모하며 구체적인 글쓰기 계획을 세웁니다. 저 또한 작가가 되고 싶다는 꿈을 매일 상상하고, 핸드폰 메모장에 어떤 내용을 담을지, 독자들에게 어떤 이야기를 해주고 싶은지 기록하며 꿈에 한 걸음씩 다가가고 있었습니다.

　사소해 보이는 매일의 상상과 기록이 쌓이면, 막연했던 꿈은 선명한 목표가 되고, 그것을 이루기 위한 구체적인 행동으로 이어집니다. 결국 작은 실천들이 모여 기적처럼 느껴지는 꿈의 실현을 가능하게 합니다. 지금 당신의 꿈이 무엇이든, 매일 상상하고 기록하는 작은 습관을 시작해 보세요. 어느새 꿈이 현실이 되어 당신 곁에 와 있을 것입니다.

막연한 꿈은 추상적인 생각에 머물지만, 매일 구체적으로 상상하는 것은 꿈을 실제 경험처럼 뇌에 각인시키는 일입니다. 마치 현실처럼 오감을 활용하여 꿈이 이루어진 상황을 생생하게 떠올릴 때, 뇌는 그것을 단순한 상상이 아닌 '이루어야 할 목표'로 인식하기 시작합니다. 여기에 더해 꿈을 글로 쓰거나 그림으로 그리는 '기록' 행위는 추상적인 상상을 물리적인 형태로 고정시킵니다. 눈으로 보고 만질 수 있는 기록물은 꿈의 존재감을 더욱 강화하고, 뇌가 그것을 구체적인 현실 목표로 인식하도록 돕습니다. 꿈의 실현 가능성을 높이는 첫걸음이 됩니다.

우리의 잠재의식은 의식적인 생각보다 훨씬 강력하게 우리의 행동을 좌우합니다. 매일 꿈을 상상하고 기록하는 행위는 우리의 잠재의식에 '이 꿈을 이루어야 한다'는 강력한 메시지를 지속적으로 전달합니다. 잠재의식은 이 메시지를 받아들여 꿈을 이루기 위한 기회나 단서를 자연스럽게 인지하게 하고, 무의식적으로 꿈을 향한 행동을 취하도록 우리를 이끌어갑니다. 마치 내비게이션에 목적지를 입력하면 그곳으로 가기 위한 경로를 안내받는 것처럼, 잠재의식은 꿈이라는 목적지로 가기 위한 최적의 경로를 찾도록 도와줍니다.

이처럼 꿈을 매일 상상하며 그 속에서 얻는 긍정적인 감정(성취감, 행복감 등)은 꿈을 향해 나아가게 하는 강력한 동기가 됩니다. 힘든 순간에도 꿈이 이루어졌을 때의 모습을 떠올리면 다시 일어설 힘을 얻을 수 있습니다. 꿈을 기록한 것을 매일 다시 확인하는 것은 꿈의 존재를 잊지 않게 하고, 꾸준히 노력해야 한다는 자극을 줍니다. 작은 실천들을 기록하며 성과를 확인하는 것은 더욱 꾸준히 노력할 동기를 부여합니다. 상상과 기록은 꿈을 향한 열정을 식지 않게 유지하는 연료 역할을 해줍니다.

꿈을 기록하는 과정에서 막연했던 꿈이 좀 더 구체적이고 명확한 목표로 다듬어집니다. 목표가 명확해지면 그것을 달성하기 위해 '무엇을 해야 할지' 구체적인 계획을 세우기가 쉬워집니다. 매일 기록하며 계획을 점검하고 수정하는 것은 목표 달성 과정을 체계적으로 관리하고 실행력을 높이는 데 도움이 됩니다. 마치 여행 계획을 세우고 지도를 보며 가는 것처럼, 기록은 꿈을 향한 여정의 지도와 나침반이 됩니다.

매일 꿈을 상상하고 기록함으로써 우리는 꿈과 관련된 정보나 기회에 더 민감하게 반응하게 됩니다. 평소에는 무심코 지나쳤을 작은 단서나 우연한 만남도 꿈을 이루는 데 필요한 중요한 기회로 인식하게 됩니다. 뇌의 특정 부분이 우리가 중요하다고 인식하는 정보에 더 잘 반응하도록 활성화되기 때문입니다. 꿈을 자주 떠올리고 기록하면 꿈과 관련된 정보가 중요하다고 인식되어 기회를 더 잘 포착할 수 있습니다.

이렇게 매일 꿈을 상상하며 긍정적인 미래를 그리는 것은 현재의 어려움 속에서도 희망을 잃지 않도록 돕습니다. 감사한 마음을 함께 기록하면 긍정적인 정서를 더욱 강화할 수 있습니다. 긍정적인 마음가짐은 문제를 해결하고 도전을 받아들이는 데 필수적인 에너지가 됩니다.

 매일 상상하고 기록하는 습관은 우리의 뇌와 마음, 그리고 행동을 꿈의 실현에 최적화된 상태로 프로그래밍하는 강력한 자기 계발 도구가 됩니다. 이 두 가지 습관을 통해 우리는 꿈을 더욱 선명하게 인식하고, 강력한 동기를 부여받으며, 구체적인 계획을 세우고 꾸준히 실천하여 결국 꿈을 현실로 만들어낼 수 있으며 그 실례를 들어보겠습니다.

 김영삼 대통령은 아주 어린 시절부터 '대통령'이 되겠다는 꿈을 꾸었다고 합니다. 거제도에 살던 초등학교 시절, 그는 자신의 방 벽에 "미래의 대통령 김영삼"이라고 크게 써 붙여놓고 매일 그것을 보며 꿈을 키웠다고 전해집니다. 이것은 단순히 어린아이의 막연한 바람이 아니었습니다. 그는 이후 정치인이 되어 긴 세월 동안 수많은 어려움과 도전을 마주했지만, 어린 시절 벽에 써 붙였던 '대통령'이라는 꿈을 단 한 번도 잊지 않고 평생을 그 꿈을 향해 나아갔다고 합니다.

 김영삼은 25세에 국회의원에 당선되었고 그는 대한민국 역대 최연소 국회의원이 되어 우리나라 정치계에 등장합니다. 또한 대한민국 제14대 대통령을 지냈으며 IMF 금융위기를 극복하고 군부 중심의 권위주의 정권에서 민주주의로 이행하는 데 결정적 역할을 한 인물입니다.

 미국의 오프라 윈프리는 자신의 꿈을 이루기 위해 '시각화(Visualization)'와 '기록'의 힘을 적극적으로 활용했다고 자주 이야기합니다. 그는 자신이 원하는 미래의 모습을 생생하게 상상하고, 그것을 구체적으로 적거나 이미지로 만들어 눈에 잘 띄는 곳에 두었다고 합니다. 그는 미국의 흑인 최초로 여성 억만장자이며, 그의 북클럽에서 추천하는 책은 곧바로 베스트셀러가 될 정도로 영향력이 큰 방송작가였습니다.

우리 원 친구들에게도 졸업을 앞두고 미래의 꿈을 다양한 방법으로 찾아보게 합니다. 그 꿈을 사명선언서로 작성하게 합니다. 그 선언서에 대한 정보를 깊이 알아보고 서로 나누며 이해할 수 있도록 자료를 찾아주기도 합니다. 또한 그곳을 견학할 수 있는 자료도 제공해 주며 졸업식에 부모님 앞에서 손을 들고 자신의 사명선언서를 선서로 외치게 됩니다. 그리고 이 선언서를 집으로 가져가서 눈에 아주 잘 보이는 벽이나 냉장고에 붙여놓고 수시로 읽어보도록 훈련을 합니다. 그 꿈이 이루어지는 그날엔 꼭 연락해 주기로 하였습니다.

포기하지 않는다면
성공은 온다

작고 보드라운 두 손을 처음 마주 잡았을 때, 우리는 세상의 모든 빛을 한 몸에 품은 듯한 경이로움을 느꼈습니다. 그 순간부터 우리 아이는 세상이라는 거대한 무대 위에서 자신만의 이야기를 써 내려가기 시작합니다. 첫걸음마를 떼기 위해 수없이 넘어지고 일어서는 모습, 서툰 옹알이로 마음을 전하려 애쓰는 모습, 작은 블록 하나를 쌓고 끼우기 위해 온 정신을 집중하는 모습까지….

아이의 모든 순간은 우리에게 감동이자 도전의 첫걸음입니다. 사랑하는 부모님, 아이의 눈부신 성장을 지켜보며 때로는 조바심이 나고, 때로는 불안한 마음이 드실 때도 있을 것입니다. 혹여나 '우리 아이가 좌절의 순간에 쉽게 포기하지는 않을까, 아니면 작은 어려움에도 주저앉지는 않을까?' 하는 염려가 스치기도 할 때가 있을 겁니다. 하지만 기억해 주세요. 우리가 아이에게 줄 수 있는 가장 값진 선물은 바로 '어떤 어려움에도 굴하지 않고 다시 일어설 수 있는 용기와 꾸준히 노력하는 끈기'를 가질 수 있도록 기다려주는 일입니다.

오늘도 반짝이는 아이들의 두 눈빛 속에서 무한한 가능성을 발견하고 계시는가요? 때로는 아이의 서툰 발걸음에 넘어질까 마음 졸이고, 작은 실패에도 크게 속상해하는 모습을 보며 안쓰러운 마음이 드실 때도 있을 것입니다. 하지만 이 모든 순간들이 아이가 단단하게 성장하는 소중한 과정임을 우리는 알고 있습니다.

우리는 인류 역사상 가장 위대한 발명가 에디슨은 어려서 중이염으로 인해 청각 장애를 갖게 되었지만, 그는 인류의 삶을 혁신할 만큼 수많은 발명품을 남긴 위대한 발명가입니다. 귀가 잘 들리지 않음으로 오히려 집중력을 높이는 장점으로 활용하여 외부의 잡음에 방해받지 않고 발명에 집중할 수 있었다고 합니다. 그는 전구를 발명하기 위해 수천 번의 실패를 거듭했다고 알려져 있습니다. 그러나 그는 "나는 실패한 것이 아니다. 단지 작동하지 않는 1만 가지 방법을 발견했을 뿐이다"라는 그의 유명한 말은 실패를 바라보는 에디슨만의 독특하고 긍정적인 생각을 잘 보여주는 말입니다. 에디슨의 어린 시절을 살펴보면, 그는 학교에서 '주의가 산만하다'는 이유로 문제아 취급을 받기도 했습니다. 하지만 그의 어머니는 아들의 잠재력을 믿고 직접 교육하며 끊임없이 격려했습니다. 이러한 배경은 에디슨이 실패를 두려워하지 않고 새로운 시도를 계속할 수 있는 밑거름이 되었습니다. 결국 백열전구와 축음기 등 혁신적인 발명품들을 세상에 내놓았습니다. 그의 일생은 실패를 단순한 끝이 아닌, 성공으로 가는 과정의 필수적인 부분으로 인식하는 것이 얼마나 중요한지를 명확하게 보여주었습니다.

실패는 우리가 무엇이 잘못되었는지 파악하고, 다른 대안을 탐색하며, 궁극적으로 더 나은 해결책을 찾도록 돕는 귀중한 경험이 됩니다. 에디슨은 실패를 통해 인내력과 끈기를 길러냈으며, 이는 그의 위대한 업적의 기반이 되었습니다.

"천재는 1%의 영감과 99%의 땀이다"라는 명언을 남기기도 하였습니다." 이는 단순히 노력만을 강조한 것이 아니라, 가치 있는 목표에 대한 정확한 동기와 방향성을 가지고 끊임없이 노력하는 것의 중요성을 강조한 것입니다.

아이가 쉽게 좌절하지 않도록, 처음에는 비교적 성공하기 쉬운 과제를 주고 점차 난이도를 높여가며 성취감을 맛보게 해주는 것이 필요합니다. 작은 성공들이 쌓여 큰 도전에도 용기를 낼 수 있는 밑거름이 될 것입니다.

가정에서 부모님 스스로도 일상생활에서 어려운 일에 부딪혔을 때 포기하지 않고 노력하는 모습을 아이에게 보여주는 그것이 중요합니다. 아이들은 부모님의 모습을 통해 가장 많은 것을 배웁니다.

또한 아이의 끈기와 꾸준함은 아이의 좋은 습관 형성과 잠재력을 키우는 데 필수적인 요소입니다. 에디슨이 수많은 실패에도 불구하고 꾸준히 연구에 매진했듯이, 아이들도 학습이나 놀이에서 꾸준히 노력할 때 비로소 성장할 수 있습니다. 예를 들어, 악기 연주, 그림 그리기, 운동 등 어떤 활동이든 꾸준한 연습 없이는 실력 향상을 기대하기 어렵습니다. 아이가 특정 활동에 흥미를 보인다면, 처음에는 짧은 시간이라도 매일 꾸준히 할 수 있도록 격려하고 습관으로 만들어주는 것이 중요합니다.

이 과정에서 아이가 지루해하거나 힘들어할 때, 부모님의 따뜻한 지지와 격려가 큰 힘이 될 것입니다. 아이의 잠재력과 재능은 타고나는 것 이상으로, 얼마나 끈기 있게 노력하고 도전하느냐에 따라 크게 달라질 수 있습니다. 포기하지 않는 마음은 아이가 미래에 어떤 어려움을 만나더라도 스스로 극복하고 성장할 수 있는 강력한 무기가 될 것입니다.

 부모와 아이가 함께 성장하는 길은 '포기하지 않는다면 성공은 온다'는 말은 단순히 아이들에게만 해당하는 이야기가 아닙니다. 부모님 또한 육아와 교육의 과정에서 많은 어려움과 마주할 수 있습니다. 때로는 아이의 성장 속도가 더디다고 느껴지거나, 교육 방향에 대한 확신이 흔들릴 수도 있습니다.

 하지만 부모님 스스로도 끈기와 인내심을 가지고 아이와 함께 성장해 나가는 자세가 필요 합니다. 아이에게 끈기를 가르치기 위해서는 부모님 먼저 끈기 있는 모습을 보여주는 것이 가장 효과적인 교육입니다. 부모님이 아이의 작은 발걸음을 믿고 기다려주며, 함께 도전하고 실패를 통해 배우는 과정을 즐긴다면, 아이는 자연스럽게 포기하지 않는 용기와 끈기를 지닌 사람으로 성장할 것입니다.

 원에서도 많은 아이를 지켜보지만, 끈기 있게 집중하는 친구들은 누구의 도움이나 방해에도 아랑곳하지 않고 정해진 시간까지 집중하여 열심히 하는 친구들이 있습니다. 그러나 더러는 그렇지 못한 아동들도 간혹 있습니다. 다른 친구들이 만들어 놓은 것을 '이건 뭐야'하고 물어보면서 관심을 갖는 아이가 있는가 하면 다른 친구가 만들어 놓은 것이 내 것보다 더 멋져 보이면 빼앗아 오거나 망

가트려 놓는 친구들도 있습니다. 이러한 친구들은 어떠한 성과를 내었을 때 질문과 칭찬으로 성취감을 준다면 아이도 더 큰 계획과 꿈을 가지고 도전해 보는 모습을 보여줄 것입니다. 에디슨의 지혜에서 보듯이, 포기하지 않는다면 우리 아이의 성공은 반드시 찾아올 것입니다. 꿈과 희망을 잃지 마시고 꾸준한 관심을 갖고 지켜봐 주시기 바랍니다.

멋진 성공 안에서
길을 잃지 않기

  성공은 경제적인 풍요일 수 있고, 다른 이에게는 명예나 인정일 수도 있습니다. 또 누군가에게는 자신이 세운 목표를 달성하는 과정 그 자체일 수도 있습니다. 32년을 유아교육을 해온 교육 전문가로서 부모님들에게 도움이 되는 책을 출간하여 도움을 주고자 도전하고 있지만 한 번도 가보지 않은 길이라 쉽지는 않습니다. 그럼에도 불구하고 작가라는 꿈을 향해 나아가면서 이렇듯 새로운 것에 도전하고 이루어 나가는 길은 삶의 활력이자 나아갈 방향을 제시해 주는 소중한 목표가 됩니다.

  하지만 아이러니하게 우리가 그토록 바라던 성공을 손에 넣었을 때, 때로는 새로운 종류의 어려움이나 혼란에 직면하기도 합니다. 오르막길을 힘들게 올라 정상에 섰을 때, 눈앞에 펼쳐진 풍경에 감탄하는 동시에 다음에 어디로 나아가야 할지 막막함을 느낄 수 있는 것처럼 말이죠. 성공은 분명 달콤한 열매이지만, 그 달콤함에 취해 우리가 걸어온 길이나 나아가야 할 방향을 잃어버릴 위험도 동시에 안고 있습니다. 이것이 바로 '성공 안에서 길을 잃지 않는 것'이 왜 중요한지에 대한 이야기의 시작입니다.

성공은 종종 우리의 주변 환경을 극적으로 변화시킵니다. 이전에는 어려웠던 기회들이 쉽게 찾아오고, 더 많은 사람들이 우리의 의견에 귀 기울이며, 경제적인 여유가 생기기도 합니다. 이러한 변화는 분명 긍정적인 측면이 많습니다. 그동안의 노력에 대한 보상이자 앞으로 더 큰 일을 해낼 수 있는 발판이 될 수 있기 때문입니다. 하지만 이러한 변화 속에서 우리는 자신도 모르게 조금씩 변해갈 수 있습니다. 늘 자신을 낮추고 겸손했던 사람이 오만해지거나, 돈보다 사람을 중시했던 가치관이 흔들리거나, 혹은 과거의 초심을 잃어버리는 경우가 생길 수 있습니다.

성공의 자리에 섰을 때 길을 잃게 만드는 가장 흔한 함정 중 하나는 바로 '오만함'과 '안주'입니다. 어느 정도의 성과를 이루고 나면, 자신이 모든 것을 알고 있다는 착각에 빠지기 쉽습니다. 주변의 조언을 흘려듣게 되고, 끊임없이 배워야 한다는 사실을 망각하게 됩니다.

과거의 성공 공식에만 매달려 새로운 변화를 받아들이지 못하고 현실에 안주하려는 마음이 커질 수 있습니다. 이러한 태도는 더 이상의 성장을 가로막고, 결국에는 도태되는 결과를 낳을 수 있습니다. 성공하기 전에는 분명한 목표와 가치관이 있었지만, 성공한 후에는 무엇을 위해 살아야 하는지 방황하게 되는 경우도 있습니다. 음…. 성공 그 자체가 목적이 되어버리고, 그 안에 담겨야 할 '진정한 삶의 의미'를 놓쳐버리는 것이죠.

성공은 때로 우리를 '고립'시키기도 합니다. 성공하기까지 함께 고생했던 사람들과의 관계가 어색해지거나, 새로운 환경에서 만나는 사람들이 우리의 성공 자체에만 관심을 갖는다고 느껴 외로움을 느낄 수 있습니다. 주변에 아첨하는 사람들만 가득하고 진심으로 충고해 주는 사람이 없어지는 것도 위험한 신호입니다. 성공은 높은 곳으로 올라가는 것과 같아서, 정상에 섰을 때 주변에 아무도 없이 홀로 서 있는듯한 기분이 들 수도 있습니다. 특히 많은 사람들에게 알려지는 성공이라면, 사생활이 없어지고 끊임없이 평가받는다는 느낌 때문에 심리적인 고립감을 느끼기도 합니다. 그렇다면 우리는 어떻게 성공 안에서 길을 잃지 않고 더욱 단단하게 성장해 나갈 수 있을까요?

가장 먼저, '자신이 걸어온 길'을 되돌아보는 것이 중요합니다. 힘들었던 시절, 성공을 간절히 바랐던 순간들, 자신에게 도움을 주었던 고마운 사람들, 그리고 처음 성공을 꿈꾸게 만들었던 순수한 동기를 기억해야 합니다. 이러한 기억들은 오만해지려는 마음을 다잡고 겸손함을 유지하는 데 큰 도움이 됩니다. 사진첩을 보거나, 예전 일기를 읽어보거나, 혹은 자신을 아끼는 오랜 친구와 만나 이야기를 나누는 것도 좋은 방법입니다.

다음으로, '겸손한 자세로 계속 배우려는 노력'을 게을리 하지 않아야 합니다. 자신이 모든 것을 안다는 착각에서 벗어나, 세상은 넓고 배울 것은 끝이 없다는 사실을 인지해야 합니다. 새로운 지식을 습득하고, 다양한 분야의 사람들과 교류하며 시야를 넓히는 것이 중요합니다. 독서, 강연 참석, 스터디 모임 참여 등 배움의 기회를 적극적으로 찾아야 합니다.

자신이 중요하게 생각하는 '가치관'을 끊임없이 점검하는 것도 필요합니다. 돈이나 명예와 같은 외적인 성공 외에, 내가 진정으로 중요하게 생각하는 것은 무엇인지 스스로에게 질문해야 합니다. 정직함, 성실함, 나눔, 배려, 성장 등 자신이 추구하는 핵심 가치를 명확히 하고, 자신의 행동이 그 가치와 일치하는지 꾸준히 돌아보아야 합니다. 가치관에 기반한 삶은 성공의 크기와 상관없이 우리 삶에 흔들리지 않는 중심을 잡아줍니다.

'자기 성찰과 마음 챙김'의 시간을 갖는 것이 중요합니다. 바쁘게 돌아가는 성공의 소용돌이 속에서도 잠시 멈춰 서서 자신의 마음을 들여다보는 시간이 필요합니다. 지금 내가 느끼는 감정은 무엇인지, 무엇이 나를 행복하게 하고 무엇이 나를 힘들게 하는지, 내가 진정으로 원하는 것은 무엇인지 스스로에게 묻고 답하는 과정입니다. 명상이나 일기 쓰기, 혹은 혼자 조용히 산책하는 시간 등을 통해 자신의 내면과 연결될 때, 외부적인 성공에 흔들리지 않고 내면의 평온을 유지할 수 있습니다. 음…. 자신의 마음의 소리에 귀 기울이는 것은 성공 안에서 길을 잃지 않는 나침반과 같다고 할 수 있습니다.

이런 성공 후에도 자기 자신을 잃지 않고 균형을 유지하기 위해서는 몇 가지 중요한 노력들이 필요합니다. 이는 마치 높이 쌓은 탑이 무너지지 않도록 기초를 튼튼히 하고 균형추를 잘 맞추는 것과 같습니다. 이때 가장 기본적이면서도 중요한 것은 자신이 왜 이 일을 시작했는지, 무엇을 가장 중요하게 생각했는지를 끊임없이 되새기는 것입니다.

성공은 종종 오만함을 동반하기 쉽습니다. 자신이 이룬 성과에 도취되어 타인의 조언을 무시하거나, 더 이상 배울 것이 없다고 착각하게 만들 수 있습니다. 하지만 세상은 끊임없이 변화하고, 아무리 뛰어난 사람이라도 부족한 부분이 있기 마련입니다. 성공 후에도 겸손한 자세로 주변 사람들의 이야기에 귀 기울이고, 새로운 지식과 기술을 배우려는 노력을 멈추지 않아야 합니다. 유아교육 분야라면 새로운 교육 이론이나 육아 방식이 계속해서 나올 테니, 관련 서적이나 논문을 읽고 세미나에 참석하는 등 꾸준히 공부하는 자세가 필요할 것입니다. 자신보다 어린 사람이나 다른 분야의 사람들에게서도 배울 점을 찾으려 노력하는 열린 마음이 중요합니다.

성공 후에는 새로운 사람들이 주변에 많이 모여들 수 있습니다. 이때, 성공하기 전부터 자신을 알고 믿어주었던 가족, 오랜 친구, 진심으로 조언해 주는 동료 등 '진정한' 관계들에 더 많은 시간과 에너지를 투자하는 것이 매우 중요합니다. 이들과의 꾸준한 교류는 성공이라는 거품에 휩쓸리지 않도록 지켜주는 든든한 버팀목이 되어줄 것입니다.

성공이 삶의 전부가 되도록 두지 않는 것이 중요합니다. 또한 성공하면 더 바빠지고 책임져야 할 일이 많아질 수 있습니다. 이때 자신의 건강을 소홀히 하기 쉽습니다. 하지만 건강을 잃으면 어떤 성공도 의미가 없습니다. 충분한 수면을 취하고, 규칙적으로 운동하며, 건강한 식습관을 유지하는 것이 필수적입니다. 또한, 성공 후에도 적절한 휴식 시간을 가지는 것이 중요합니다. 탈진을 방지하고 창의적인 에너지를 유지하기 위해 재충전의 시간을 갖는 것은 사치가 아니라 필수입니다. 일과 휴식의 균형을 잘 맞추는 것이 성공을 장기적으로 유지하는 힘이 됩니다. 그리고 성공하면 여기저기서 요청과 제안이 쏟아질 수 있습니다. 모든 기회가 좋아 보일 수 있지만, 자신이 진정으로 원하거나 할 수 있는 일인지 신중하게 판단하고 거절할 줄 아는 용기가 필요합니다. 자신의 시간과 에너지를 관리하고, 중요한 가치와 우선순위를 지키기 위해서는 때로는 정중하게 '아니요'라고 말하는 것이 필요합니다. 모든 것을 다 하려다 보면 지쳐서 중요한 것들을 놓치거나, 원치 않는 방향으로 끌려가 길을 잃을 수 있습니다.

성공을 통해 얻은 영향력이나 자원을 사회에 긍정적으로 환원하는 것은 자신을 잃지 않고 성장하는 좋은 방법입니다. 나눔은 우리 자신에게 깊은 만족감과 삶의 의미를 선사하며, 성공의 무게에 짓눌리지 않고 더 큰 가치를 추구하게 해줍니다.

성공의 순간에도, 그리고 그 이후에도 꾸준히 자신을 돌아보는 시간을 가져야 합니다. '나는 지금 잘 가고 있는가?', '내가 처음 원했던 모습 그대로인가?', '성공으로 인해 변한 것은 없는가?', '가장 중요하다고 생각하는 것들을 잘 지키고 있는가?'와 같은 질문을 스스로에게 던져야 합니다. 명상, 일기 쓰기, 혹은 신뢰하는 멘토와 대화하는 것 등을 통해 자신의 내면을 들여다보고 현재 상태를 점검하는 것이 중요합니다. 이 과정을 통해 혹시라도 길을 잃고 있다면 빠르게 방향을 수정할 수 있도록 저만의 따뜻함과 깊이를 잃지 않고 균형 잡힌 행복한 삶을 영위할 수 있기를 진심으로 응원해 주세요. 이 모든 과정이 저를 더욱 단단하고 지혜로운 사람으로 만들어 주리라 확신합니다.

성공은 인생의 목표가 될 수 있지만, 삶의 전부는 아닙니다. 성공은 우리가 만들어가는 과정 속에서 얻는 아름다운 결과물 중 하나일 뿐입니다. 30여 년간 유아교육에 종사하면서 우리만의 한글, 수, 음악, 한자 등 교재를 자체적으로 만들어 보았고, 일본의 유아교육(몬테소리교육, 요꼬미네 체육, 그레이프시드 영어)을 알아보려고 여러 차례 다녀오기도 하였습니다. 그러나 국민성과 민족성이 다르기 때문에 부분적으로 장점만 받아들이게 되었습니다. 그러나 우리나라에도 2022년 교육과정 개편으로 인하여 주입식이 아니라 하브루타 교육방식으로 질문하며 생각을 말하고 그것을 그림으로 나타내보는 식의 다양한 교육법이 진행되고 있어 지난해에도 울산과 부산을 다녀오게 되었습니다. 오랜 경험이 중요하기보다는 새로운 교육과 부모님의 요구 아이들의 생각과 각자의 성장의 특이성을 이해하며 다양한 놀이와 체험을 겸한 교육이 이루어지도록 함께 노력하겠습니다.

효도하는 마음,
사랑으로 피어나는 인성교육

'효도'는 오랜 세월 동안 우리 사회에서 가장 중요한 덕목 중 하나로 여겨져 왔습니다. 부모를 공경하고 감사하는 마음으로 정성을 다하는 것은 시대를 초월한 아름다운 미덕입니다. 그러나 시대가 변함에 따라 효도의 모습도 점차 달라지고 있습니다. 이제 효도는 단순한 복종이나 희생이 아니라, 부모와 자녀 간의 상호 존중과 사랑을 바탕으로 한 깊이 있는 교감으로 자리 잡고 있습니다.

그렇다면 우리 아이를 어떻게 '현대적인 의미의 효도하는 아이'로 키울 수 있을까요? 진정한 효도는 가르침으로 주입되는 것이 아닙니다. 오히려 부모와의 관계 속에서 형성되는 안정감과 사랑, 그리고 부모의 삶 속에서 자연스럽게 배워나가는 '태도'입니다.

"아이는 부모의 뒷모습을 보고 자란다"는 말처럼, 말보다 행동이 더 큰 울림을 줍니다. 조부모님께 안부 전화를 드리고, 소소한 선물과 따뜻한 인사를 전하는 모습을 아이가 자연스럽게 접하게 해주세요. 아이는 이를 통해 '우리 가족은 서로를 아끼고 존중하는 가족'이라는 무언의 가치를 내면화하게 됩니다. 또한 부모가 서로를 존중하고 배려하는 모습을 보여주는 것 역시 매우 강력한 교육이 됩니다.

효도의 씨앗은 아이가 받은 사랑과 신뢰에서 자랍니다. 부모의 따뜻한 눈빛, 품에 안아주는 포옹, 아이의 말에 귀 기울이는 태도는 아이로 하여금 "나는 소중한 존재야"라는 자아감을 심어줍니다.

사랑받는 아이는 사랑을 돌려줄 줄 아는 아이로 자랍니다.
효도의 핵심은 '감사'입니다. 사소한 도움이나 배려에도 "고마워요"라고 말하는 습관을 기를 수 있도록 구체적인 상황에서 연습시켜 주세요. 또한, 부모가 아이를 위해 노력한 일들을 자연스럽게 공유하며 "엄마가 너를 위해 이런 걸 준비 했단다"라는 식으로 감정을 표현하면, 아이는 부모의 사랑을 인식하고 존경과 감사의 감정을 키울 수 있습니다.

아이는 부모의 마음을 완전히 이해하기 어렵습니다. 이럴 때, 부모 자신의 감정과 상황을 아이의 언어로 설명해 주세요. 예를 들어 "엄마도 오늘 힘들었단다. 그래서 잠깐 혼자 있고 싶어"라고 이야기하면, 아이는 부모도 감정이 있는 사람이라는 사실을 배우고 공감하는 힘을 기를 수 있습니다.

효도는 가족이라는 공동체 안에서 나도 누군가에게 도움이 될 수 있다는 경험을 통해 형성됩니다. 아이의 나이에 맞는 집안일이나 할머니 댁에서의 심부름, 아픈 부모에게 물 떠다주기 같은 소소한 행동을 통해 아이는 가족의 일원이자 기여자라는 자긍심을 갖게 됩니다.

아이와의 대화는 '훈계'가 아니라 '소통'이어야 합니다. 아이의 생각을 묻고 진심으로 귀 기울이세요. 부모도 자신의 기대나 어려움을 솔직하게 표현하면, 서로 간의 이해가 깊어지고 신뢰가 자라납니다. "엄마는 네가 이런 걸 해주면 정말 기쁠 것 같아"와 같이 감정을 나누며 협력적인 관계를 만들어 보세요.

부모가 어떤 일을 하고, 어떤 고민을 하는지 아이와 나누는 시간을 가져보세요. 부모의 일상과 감정을 공유받은 아이는, 자연스럽게 부모의 노력과 희생을 이해하고 감사하는 마음을 품게 됩니다. 공감은 가르치는 것이 아니라, 함께 살아가는 과정에서 생겨나는 것입니다.

하루에 단 30분이라도 온 가족이 함께 식사하거나 이야기를 나누는 시간을 가지세요. 이 시간은 단순한 식사가 아닌 '정서적 유대감'의 기반이 됩니다. 자연스럽게 서로의 마음을 나누며 효도와 공감의 정서가 자랍니다.

효도는 명령으로 얻어지는 것이 아니라, 사랑에서 비롯된 자발적인 감정입니다. 아이의 성향과 발달 단계에 맞게 작고 따뜻한 행동부터 격려하고, 결과보다 진심과 노력 자체를 칭찬해 주세요. 강요된 효도는 오히려 반감을 낳을 수 있습니다.

가정과 연계된 유아교육에서도 '효'는 중요한 교육 주제로 다뤄집니다. 예를 들어, 원에서는 가정의 달에 조부모님을 초청해 효도편지 낭독, 효자손 꾸미기, 노래와 율동 공연과 식사대접 등으로 조부모님을 직접 모셔서 효를 실천해 보는 행사를 진행합니다. 또한, 두 달에 한 번 한복을 입고 등원하여 전문 강사와 함께 다례교육과 인사법, 나라사랑과 이웃사랑, 가족사랑을 외쳐보고 논어와 성경 구절을 인용하여 효와 예절을 몸으로 익히며 실천하는 활동도 진행됩니다.

효 교육은 아이들에게 자연스럽게 존경, 우애, 나눔의 마음을 키워주는 소중한 경험이 됩니다. 어린 시절부터 '마음으로 효도하고 몸으로 실천하는 것'을 배우는 아이는, 성인이 되어서도 건강한 인성과 깊은 사랑을 실천할 줄 아는 사람으로 자라납니다.

'효 교육은 교육의 시작입니다'라고 말씀하십니다. 아이에게 효도를 가르치고 싶은가요? 그렇다면 먼저, 부모인 우리가 '사랑받은 기억'을 심어주고, 존중과 배려의 삶을 보여주는 것이 시작입니다. 효도는 따로 교육하는 항목이 아닙니다. 가족 안에서 함께 살아가는 일상의 감정, 행동, 말투, 태도 속에 스며있는 사랑의 또 다른 표현일 뿐입니다.

사랑을 받고 자란 아이는 언젠가 사랑을 되돌려줄 줄 압니다. 그 사랑이 바로 '효도'입니다.

'효'가 '부모에게 잘 보이는 것'이 아닌, '부모님께 물려받은 삶을 소중히 여기고 잘 살아가는 것'으로 확장하여 가르쳐 주어야 합니다. 아이에게 부모님께 감사하는 마음, 존경하는 태도, 그리고 나아가 주변 사람들에게 사랑과 배려를 베푸는 마음을 가르치는 것은 중요합니다. 하지만 이를 통해 아이가 스스로 책임감을 가지고 자신의 삶을 잘 이끌어가는 것이 부모님을 기쁘게 하는 일임을 알려주는 것이 필요합니다. 아이가 건강하고 행복하게 자신의 삶을 살아갈 때, 그것이야말로 부모님께 드릴 수 있는 최고의 선물임을 아이 스스로 깨닫게 도와주시는 겁니다

아이가 '부모님께 효도하기 위해' 가장 먼저 시도하는 것은 겉으로 드러나는 완벽한 행동이나 부모의 모든 기대에 부응하는 것이

아니라, 진심으로 부모를 존중하고 사랑하는 마음을 바탕으로 스스로의 삶을 책임감 있게 살아가며 행복을 추구하는 태도라고 할 수 있습니다. 부모는 아이가 이러한 내면의 힘과 긍정적인 태도를 길러 건강하고 독립적인 한 인격체로 성장하는 모습 자체에서 가장 큰 기쁨과 보람을 느낄 것입니다.

이렇듯 아이의 마음에서 스스로 효의 씨를 뿌려주어 잘 성장하도록 도와주는 것이 원에서의 역할입니다. 효를 입으로 외치고 마음으로 새겨 아이들 정서 속에 심어준다면 키가 자라고 마음이 자랄 때 함께 성장하게 될 것입니다.

형제. 자매 서로에게 주는 가장 큰 선물

　한 아이가 태어나 부모의 사랑을 온전히 받으며 자라다가, 어느 날 동생이 생겼다는 소식을 듣는 순간부터 아이의 세상은 크게 달라집니다. 자신에게만 향했던 부모님의 관심과 사랑이 나누어지는 것을 보며 질투와 불안감을 느끼기도 하고 때로는 퇴행 현상까지도 나타나며 새로운 가족 구성원의 등장에 낯설어합니다. 그러나 형제자매는 세상에서 가장 가까운 관계이자, 때로는 장난감을 가지고 다투고 서로 경쟁하며 갈등을 겪기도 하는 복잡한 관계입니다. 부모들은 이러한 형제자매의 갈등 속에서 답답함을 느끼거나, 혹시 아이들이 서로 미워하게 되는 것은 아닐까 염려하기도 합니다.

　그동안 원을 운영하며 수많은 아이들의 형제자매 관계를 지켜보며 깨달았습니다. 형제자매 관계는 단순히 경쟁이나 갈등의 관계만을 의미하지 않는다는 것을요. 건강하게 형성된 형제자매 관계는 아이의 성장 발달에 있어 그 어떤 친구 관계나 교육 경험보다 깊고 강력한 긍정적인 영향을 미치며, 아이의 삶에 평생토록 함께하는 가장 소중한 '선물'이 될 수 있다는 것을 말입니다. 원에서도 서로 챙겨주고 동생이 잘하고 있는지 보고 싶다고 문 앞에 와서 확인해 보기도 하며 화장실 다녀올 때면 형님 반에 가서 한번 찾아서 눈인사를 하기도 합니다. 이렇듯 부모를 대신하여 서로 아끼고 챙기는 모습을 볼 때 대견기기도 합니다. 가정에서 부모의 역할은 바로 이 아이들이 서로에게 '선물'이 되는 아름다운 관계를 맺도록 지지하고 이끌어 주는 것입니다.

부모님은 형제들 사이에서 편애하거나 비교하는 것은 아이들 마음에 깊은 상처를 남기고 질투심과 경쟁심을 부추길 수 있습니다. 아이 각자의 개성과 강점을 인정해주고, 규칙이나 훈육에 있어 일관적이고 공정성 있는 태도를 보여주는 것이 중요합니다. 아이들은 부모의 공정함 속에서 안정감을 느끼고 서로를 존중하는 법을 배우게 됩니다.

아이들이 다툴 때 즉시 개입하여 편을 들거나 상황을 종료시키기보다, 아이들 스스로 문제를 해결하도록 기회를 주고 기다려주는 것이 중요합니다. 감정을 조절하고 자신의 생각을 표현하며 타협하는 방법을 스스로 배우도록 돕고, 필요할 때만 차분하게 중재하며 올바른 소통 방식을 알려줍니다. 갈등 해결 과정에서 아이들은 중요한 사회적 기술을 배우고 서로를 이해하는 폭을 넓힙니다.

아이들끼리 서로에게 경쟁심보다는 고마움을 표현하고 작은 도움에도 칭찬해주는 분위기를 만들어주는 것이 중요합니다. 부모가 먼저 형제자매의 좋은 점을 발견하고 칭찬해주거나, 아이들 앞에서 서로에게 감사함을 표현하는 모습을 보여주는 것은 좋은 모델링이 됩니다.

함께 집안일을 돕거나, 공동의 목표(퍼즐 맞추기, 블록으로 큰 구조물 만들기 등)를 달성하기 위해 협력하는 활동은 아이들이 서로의 강점을 활용하고 부족한 점을 보완하며 함께 성취하는 기쁨을 배우게 합니다. 이러한 협력 경험은 서로에게 힘이 되어주는 긍정적인 관계를 형성하는 데 도움이 됩니다. 형제자매는 같은 부모 밑에서 자라도 각기 다른 개성과 재능을 가지고 있습니다. 아이들을 서로 비교하기보다 각자의 강점과 흥미를 존중해주고 지지해주는 것이 중요합니다. 아이가 자신의 고유함을 인정받는다고 느낄 때 형제자매의 재능이나 성과를 질투하기보다 함께 기뻐해줄 수 있어야 합니다.

때로는 부모의 간섭 없이 형제자매끼리만 함께 놀고 이야기하는 시간을 만들어주는 것도 중요합니다. 아이들만의 비밀스러운 이야기나 놀이 속에서 서로에게 더 깊이 의지하고 끈끈한 유대감을 형성할 수 있으며 형제간에도 깊은 서열관계를 인식하게도 합니다.

형제자매는 서로의 삶에 깊은 흔적을 남깁니다. 단순히 같은 부모를 둔 존재를 넘어, 가장 가까운 인생의 동반자가 될 수 있습니다. 부모는 이 관계가 경쟁과 질투의 장이 아닌, 협력과 사랑의 공간으로 자라나도록 지지해 주어야 합니다.

세계적으로 인정받는 자녀 교육은 성취나 결과가 아닌, 아이의 잠재력과 인성, 관계 능력을 함께 키운 부모의 철학에서 비롯됩니다. 형제자매가 서로에게 '선물'이 되는 관계, 그것은 부모의 지혜로운 관점과 꾸준한 실천 속에서 피어나는 값진 열매입니다.

저희는 4녀 1남의 다복한 가정에서 자랐습니다. 넉넉한 살림은 아니었지만 자라면서 서로 다투거나 미워하고 욕심 부리는 일이 없이 편안하게 자랐습니다. 부모님께서도 형제간에 차별하거나 두둔하지 않으시고 우리 자녀들 일에 깊이 간섭하시거나 나무라지 않으시고 잘 자라도록 지켜봐 주시고 믿어주셨습니다. 지금 5남매가 모두 성장하여 우애 있게 잘 지내고 있으며 주어진 자리에서 각자의 일을 열심히 잘하며 지내고 있습니다.

사랑하는 5남매

오랜 세월 함께 걸어온 소중한 인연,
사랑하는 형제자매여,
그대들과 함께 할 수 있어 진심으로 감사합니다.
웃음과 눈물, 기쁨과 슬픔을 나누며
서로의 삶에 깊이 뿌리내린 존재이기에.
때로는 말없이 곁을 지켜주는 든든한 버팀목이 되고,
때로는 따뜻한 위로와 격려로 다시 일어설 힘을 주었으니.
세상 어떤 관계보다도 깊고 단단한 믿음으로
서로를 향한 사랑을 키워왔습니다.
함께 쌓아온 추억들은 가슴속에 빛나는 보석이요,
앞으로도 함께 만들어갈 시간들은 소중한 선물입니다.
서로에게 기대어 살아가는 이 삶이 얼마나 아름다운 축복인지요.
사랑하는 5남매 형제여,
그 존재만으로도 큰 감사입니다.
변함없이 서로를 아끼고 의지하며
같은 길을 걸어갈 수 있기를 소망합니다.

제 5 장

부부의 사랑, 아이에게 전하는 최고의 유산

사랑으로 이해하는
부부의 성장

　사랑하는 배우자와 진정으로 하나 되고 깊은 교감을 나누기 위해서는, 지금 우리 곁의 그 사람뿐만 아니라 그가 어떻게 지금의 모습으로 존재하게 되었는지 그 역사를 아는 것이 무엇보다 중요합니다. 배우자의 성장과정은 그의 고유한 성격, 생각의 흐름, 감정을 표현하는 방식, 그리고 세상을 바라보는 섬세한 시선까지, 모든 것을 빚어낸 결정적인 토양이 됩니다. 그의 과거 경험들이 쌓여 현재의 그를 만들었다는 사실을 헤아릴 때, 우리는 비로소 그의 행동과 감정의 깊은 근원을 더욱 풍요롭게 이해할 수 있습니다.

　그렇다면 우리는 왜 배우자의 성장 과정을 이토록 소중히 이해해야 할까요? 첫째, 그의 행동 패턴 뒤에 숨겨진 잔잔한 물결을 발견할 수 있기 때문입니다. 때로는 남편의 특정 행동이나 반응이 이해되지 않거나 답답하게 느껴질 수 있습니다. 하지만 그의 어린 시절 경험, 가족 관계, 중요한 변곡점들을 깊이 들여다보면, 그러한 행동들이 단순히 현재의 문제가 아니라 과거의 깊은 흔적에서 비롯된 것임을 깨닫게 됩니다.

어린 시절 충분한 인정을 받지 못했다면 성인이 되어서도 타인의 작은 평가에 쉽게 흔들릴 수 있으며 가족 안에서 감정 표현이 자유롭지 못했던 이는 자신의 속마음을 쉽게 드러내지 못하는 경향이 있을 수 있습니다. 과거의 경험은 종종 현재의 방어 기제나 세상을 살아가는 고유한 방식으로 발현되기 때문입니다.

우리는 어떻게 사랑하는 남편의 성장 과정을 마음으로 느낄 수 있을까요? 가장 중요한 것은 바로 '열린 마음으로 다가가 온전히 경청하는 것'입니다. 그의 이야기가 흘러나올 수 있도록 편안하고 안전한 정서적 공간을 마련해 주는 것이지요. 그의 이야기에 섣불리 판단하거나 충고하기보다는, 그의 감정에 깊이 공감하며 그저 조용히 들어주는 것만으로도 그는 말로 다 할 수 없는 큰 위로와 용기를 얻을 것입니다.

함께 어린 시절 사진을 들춰보거나, 그가 자주 했던 놀이, 좋아했던 음식, 기억에 남는 특별한 사건들에 대해 부드럽게 질문을 건네 보는 것은 어떨까요? 그의 부모님이나 형제자매와의 추억, 친구들과의 잊지 못할 순간, 학창 시절의 순수했던 꿈 등 다양한 삶의 조각들을 함께 이야기하며 그의 세계를 함께 여행해 보는 겁니다.

에릭슨은 인간의 성장이 평생에 걸쳐 이루어지며, 각 발달 단계마다 해결해야 할 심리사회적 위기가 있다고 보았습니다. 이 위기를 어떻게 해결하느냐에 따라 성격 형성과 대인 관계 방식이 결정된다고 설명합니다. 예를 들어, 유아기에는 '신뢰 대 불신', 청소년기에는 '정체감 대 역할 혼란', 성인 초기에는 '친밀감 대 고립감'과 같은 위기를 경험합니다.

이러한 심리학 이론들은 남편의 복잡한 내면과 행동을 이해하는데 유용한 '렌즈'를 제공해 줍니다. 물론 이론이 모든 것을 설명해 줄 수는 없지만, 인간 발달과 관계에 대한 보편적인 원리를 이해함으로써 남편의 고유한 경험을 더 깊이 어루만질 수 있게 될 것입니다.

저 역시 37년의 결혼생활 속에서 남편의 깊은 내면과 그 뿌리를 찬찬히 되짚어 보게 되는 순간들을 마주 합니다.

남편은 경기도 가평의 깊은 산골에서 순수하게 자라, 중학교 시절부터 홀로 자취하며 독립적인 삶의 방식을 체득해 왔습니다. 그는 단순하고 규칙적인 생활을 사랑하고, 자기만의 만족에 집중하는 성향이 강하지요. 말보다 행동으로 묵묵히 보여주는 사람이며, 자신의 루틴에는 한 치의 빈틈이 없지만 때로는 주변의 섬세한 감정에는 다소 무심할 때도 있습니다.

그러던 중, 시어머님께서 뇌경색으로 쓰러지셔서 와상 상태가 되자 우리는 어머님을 집으로 모시게 되었습니다. 남편은 장남으로서의 책임감을 기꺼이 받아들이고 싶어 했고, 저는 남편이 원하는 일이어서 무조건적인 마음으로 그 뜻에 함께 하기로 결심했습니다. 남편은 매일 아침 7시면 어머님의 기저귀를 갈고, 세수와 양치를 해드리고 출근하여 오전 차량운행을 했습니다. 그러면 저는 8시에 출근했다가 9시 30분에 다시 집으로 와 어머님을 주간보호센터에 모셔드렸습니다. 오후엔 남편이 어머니의 귀가를 돕고 다시 하원 차량 운행을 위해 원으로 돌아와 원 일을 마무리하는 일과를 2년 동안 불평 없이 묵묵히 해냈습니다. 어쩌면 이러한 일들은 복잡한 감정보다는 단순하고 빈틈없는 정확성을 요했기에, 그의 기질과 성격에 더 잘 맞았을 수도 있습니다.

하지만 때로는 어떠한 일에 대한 즉각적인 반응이나, 기쁘고 즐거울 때조차 그 감정을 표출하는 것에 익숙하지 못하고 묵묵한 표정만 짓기도 합니다. 그 원인을 생각해 보면 1960년대 초 어렵고 힘든 환경 속에서 자라며 부모님께 충분한 애정표현을 받아보지 못했던 경험 때문인 듯합니다. 어느 날 남편은 "우리는 자라오면서 아버지의 무릎에 한 번도 앉아 본 적이 없었다"라고 담담히 이야기하기도 했습니다. 또한 어린 청소년기인 중학교 시절부터 자취생활을 하며 부모님과 떨어져 지내야 했고, 고등학교 시절에는 기숙사 생활을 하게 되면서 그의 삶의 행동반경이 자연스럽게 단조롭고 심플하게 사는 습관으로 굳어졌습니다. 그 습관이 결혼생활 가운데에서도 고스란히 나타납니다. 가족과 함께 나들이를 가거나 영화를 보거나, 맛있는 맛 집을 찾아 식사하거나, 분위기 좋은 카페에서 차를 마시는 일은 우리 가족의 일상에서 찾아보기 힘들었습니다.

그럼에도 불구하고, 그의 큰 장점은 먼저 싸움을 걸거나 하지 않는다는 것입니다. 하지만 어떤 문제가 발생했을 때에 그 주제를 대화로 할 때, 소통이 순조롭지 않고 마음이 잘 통하지 않을 때가 많습니다. 아내는 속상한 마음에 그저 하소연하듯 "내 이야기를 좀 들어 달라"는 것인데, 남편은 이를 마치 당장 해결해야 할 과제로 받아들여 짜증 섞인 목소리로 답할 때가 많지요. 그래서 저는 때때로 싸움을 키우고 싶지 않고 큰소리를 나는 것을 두려워하여 그저 마음속으로 품고 혼자 상처를 받게 되고 '영혼 없는 대화'로 마무리를 하게 됩니다.

세상에 성격이 완벽하게 맞는 부부는 없을 것입니다. 하지만 서로를 '고치려 시도하는 것' 대신 '깊이 이해하려는 시도'를 하게 될 때, 부부관계는 비로소 더 따뜻하고 유연한 강물처럼 흐르게 된다고 합니다. 남편을 더 깊이 품기 위해서는, 지금이라도 대화의 속도를 늦추고, 그의 인생 이야기에 따뜻하게 귀 기울여 보아야 할 것입니다. 그의 과거를 알아가는 시간은 현재의 사랑을 더욱 단단하게 만들고, 앞으로의 관계를 풍요롭게 하는 가장 아름다운 여정이 될 것입니다.

우리는 모두 각자의 이야기와 삶에 흔적을 품고 살아갑니다. 서로 다른 환경에서 30년에 가까운 시간을 보내고 나서 배우자를 만나 마음을 합쳐 함께 살아간다는 것은 결코 쉬운 일이 아닙니다. 참으로 많은 이해와 인내가 필요한 일이지요. 남편들 역시 그만의 고유한 성장 여정이 있으며, 지금의 모습은 그 모든 시간과 경험이 만들어 낸 아름다운 결과일 것입니다. 그 여정을 마음으로 공감하고 이해하려는 노력이야말로 부부 사이에 굳건한 신뢰와 존중을 뿌리내리게 하는 가장 따뜻하고 지혜로운 길이 될 것입니다.

서로에게 아낌없는
내면의 대화를 시도하자

　우리는 살아가면서 수많은 관계를 맺습니다. 그중에서도 부부 관계는 가장 가깝고 깊은 관계일 것입니다. 함께 잠들고 함께 깨어나며 일상의 모든 순간을 공유하는 관계. 하지만 이렇게 가까움 속에서도 우리는 서로의 마음 깊은 곳을 얼마나 이해하고 있을까요? 특히 남편이라는 존재의 내면의 소리에 귀 기울이는 일은 생각보다 쉽지 않을 때가 많습니다.

　사회적인 역할 속에서 남편은 강한 모습을 보여야 한다는 압박감을 느끼곤 합니다. 가장으로서, 회사원으로서, 아들로서…. 다양한 가면 속에서 진짜 자신의 감정을 숨기거나 억누르는 것이 익숙해지기도 합니다. 슬픔이나 불안, 두려움 같은 나약해 보이는 감정들은 애써 외면하고 괜찮은 척, 문제없는 척 살아가는 남편들이 많습니다. 하지만 그들 안에도 어린 시절 상처받은 내면 아이가 존재하며, 여전히 위로와 이해를 갈망하는 마음이 있습니다.

아내가 남편의 내면의 소리에 귀 기울여 줄 때, 비로소 진정한 소통의 문이 열립니다. 여기서 '귀 기울인다'는 것은 단순히 그의 말을 듣는 것을 넘어섭니다. 그가 말하지 않는 것, 그의 침묵 속에서, 그의 표정 속에서, 그리고 그의 행동 속에 숨겨진 진짜 감정을 읽어내려는 노력입니다. 왜 그는 피곤하다는 말 대신 술 한잔을 찾는 걸까요? 왜 그는 힘든 일이 있어도 괜찮다며 혼자 해결하려 할까요? 이러한 질문 속에서 우리는 남편의 내면 아이가 보내는 신호들을 발견할 수 있습니다.

남편이 힘들 때, 단순히 "괜찮아"라는 말보다는 "무슨 일 있었어? 내가 들어줄게"라는 따뜻한 말 한마디가 그의 닫힌 마음을 열 수도 있습니다. 물론 모든 남편이 자신의 감정을 쉽게 털어놓는 것은 아닙니다. 어쩌면 그는 감정을 표현하는 방법을 배우지 못했을 수도 있고, 자신의 약한 모습을 보이는 것이 두려울 수도 있습니다. 이때 아내의 역할은 비난하거나 판단하려 들지 않고, 그저 그의 존재 자체를 인정하고 지지해 주는 것입니다.

그의 투박한 표현 속에서 진심을 발견하려는 노력, 그의 서툰 행동 속에서 숨겨진 의도를 이해하려는 노력이 필요합니다. 예를 들어, 남편이 화를 낼 때, 그 화 자체에 집중하기보다는 그 화 밑에 깔린 실망감, 좌절감, 혹은 두려움을 헤아려 주는 것입니다. "당신이 지금 화가 많이 났구나. 혹시 그 전에 어떤 일 때문에 힘들었어?"와 같이 감정을 읽어주고 그 배경을 물어봐 주는 것이 도움이 될 수 있습니다.

남편의 어린 시절 경험이 그의 내면 아이에게 어떤 영향을 미쳤는지 이해하는 것도 중요합니다. 부모님과의 관계, 형제자매와의 관계, 학창 시절의 경험 등이 현재 그의 자존감이나 관계 맺는 방식에 영향을 줄 수 있습니다. 그의 과거 이야기를 들어줄 때, 그는 자신이 이해받고 있다는 느낌을 받게 되고, 이는 곧 그의 내면 아이를 치유하는 과정으로 이어질 수 있습니다.

하지만 아내 역시 자신의 감정과 내면 아이를 돌보는 것을 잊어서는 안 됩니다. 아내 자신의 자존감이 단단하고 내면 아이가 건강할 때, 비로소 남편의 내면에 진심으로 귀 기울일 수 있는 여유와 힘이 생깁니다. 부부가 함께 서로의 내면을 들여다보고, 각자의 상처를 보듬어주는 과정은 부부 관계를 더욱 단단하고 깊게 만드는 기반이 됩니다.

남편들 안에도 다양한 목소리들이 존재합니다. 그들의 겉모습만 보고 속단하지 않고, 그 안에 숨겨진 진짜 마음의 소리에 귀 기울이려는 노력을 하는 것이 중요합니다.

가장으로서의 무게와 책임감이 사회적으로, 가정적으로 책임을 다해야 한다는 압박감을 느낄 수 있어요. '내가 가족을 잘 부양하고 있는가', '나 때문에 가족이 힘든 건 아닐까?' 같은 걱정들이 내면에 자리 잡고 있을 수 있습니다. 강해 보여야 한다는 생각 때문에 이런 부담감을 잘 표현하지 못하기도 합니다.

자신의 노력이나 성과를 인정받고 싶어 하거나, 배우자나 자녀로부터 존경받고 싶은 마음이 있을 수 있습니다. 겉으로는 덤덤해 보여도 속으로는 '나도 잘하고 싶다', '나의 가치를 알아주면 좋겠다'라는 소리를 내고 있을지도 모릅니다.

어릴 때부터 남자는 강해야 한다거나, 눈물을 보여서는 안 된다는 말을 들으며 자랐을 수 있습니다. 그래서 힘든 감정이나 약한 모습을 숨기려 하고, 혼자서 문제를 해결하려 할 때가 많습니다. '약해 보이면 실망할까 봐 두려워', '내 힘듦을 말하면 짐이 될까 봐 걱정돼' 같은 마음들이 있을 수 있습니다.

때로는 가장 가까운 배우자에게조차 자신의 속마음을 이야기하기 어렵다고 느낄 수 있어요. 특히 남성들은 감정을 나누는 데 서툴거나, 감정을 드러내는 것이 익숙하지 않아서 고립감을 느끼기도 합니다. '내 이야기를 편하게 할 사람이 없어', '아무도 나를 진정으로 이해하지 못하는 것 같아'와 같은 외로운 소리가 있을 수 있어요.

남편들 안에도 어린 시절의 상처나 결핍으로 인해 불안해하거나 위로받고 싶어 하는 내면 아이가 있을 수 있습니다. 그때 충족되지 못했던 사랑이나 인정에 대한 갈망이 현재의 관계나 행동에 영향을 미치기도 하죠. '나 좀 안아줘', '괜찮다고 말해줘'와 같은 아이 같은 목소리가 들릴 수도 있어요.

여전히 이루고 싶은 꿈이 있거나, 더 나은 삶을 살고 싶은 희망을 품고 있을 수 있어요. 하지만 현실의 벽에 부딪혀 좌절감을 느끼거나, 꿈을 포기해야 할 때 오는 슬픔을 마음속에 담아두고 있을 수도 있습니다.

중요한 것은, 우리가 그들의 겉모습만 보고 속단하지 않고, 그 안에 숨겨진 진짜 마음의 소리에 귀 기울이려는 노력을 하는 것입니다. 비난이나 판단 없이, 그저 있는 그대로 그의 이야기를 들어주고 그의 감정을 이해하려 할 때, 남편들도 비로소 자신의 내면의 소리를 조금씩 드러낼 용기를 낼 수 있을 것입니다. 부부 관계는 싸워 이겨야 할 대상이 아니고 가장 정성과 사랑으로 대해야 한다는 강력한 비즈니스 상대라고 생각하면 더욱 편안해질 것입니다.

부부의 자존감,
사랑으로 이해하며 성장

　자존감이란 자신을 존중하고 사랑하는 마음입니다. 건강한 자존감을 가진 사람은 자신의 가치를 인정하고 실수나 실패에도 크게 흔들리지 않으며, 타인의 비난이나 칭찬에도 일희일비하지 않습니다. 반면, 낮은 자존감을 가진 사람은 자신의 능력이나 가치에 대해 끊임없이 의심하고 불안해하며, 타인의 시선이나 평가에 매우 민감하게 반응합니다. 이러한 낮은 자존감은 부부 관계에서 여러 가지 부정적인 모습으로 나타나게 됩니다.

　어린 시절 애정 결핍을 겪었던 내면 아이는 부부 관계에서 과도한 의존성이나 불안감을 보일 수 있습니다. 배우자가 잠시만 떨어져 있어도 분리 불안을 느끼거나, 배우자의 모든 관심과 시간을 독차지하려 들 수 있습니다. 반대로, 어린 시절 자신의 감정을 억압당했던 내면 아이는 배우자에게 자신의 속마음을 전혀 드러내지 않고 혼자 삭이거나, 감정 표현에 서툴러 배우자를 답답하게 만들기도 합니다. 이러한 내면 아이의 반응들은 부부간의 건강한 상호작용을 방해하고 갈등을 심화시키는 요인이 되기도 합니다.

우리는 사랑하는 배우자를 진정으로 이해하고 깊이 연결되기 위해서는, 그의 현재 모습뿐만 아니라 그가 어떻게 지금의 모습이 되었는지를 아는 것이 중요합니다. 배우자의 성장 과정은 그의 성격, 생각, 감정 표현방식, 그리고 세상을 바라보는 관점을 형성하는 데 결정적인 영향을 미칩니다. 그의 과거 경험들이 현재의 그를 만들었다는 사실을 이해할 때, 우리는 그의 행동과 감정의 근원을 더 잘 파악하고, 부부의 자존감을 높여 아이에게 행복한 삶의 거울이 될 수 있습니다.

배우자에게도 자신의 내면 아이에 대해 이야기하고 이해를 구하는 것이 중요합니다. "당신이 ~~했을 때 나는 어린 시절 ~~했던 것처럼 느껴져서 너무 무서웠어" 와 같이 자신의 감정과 그 근원을 솔직하게 표현하는 것은 배우자가 당신을 더 깊이 이해하는 데 도움을 줍니다. 물론, 배우자 또한 자신의 내면 아이와 마주하고 당신의 상처를 공감하려는 노력이 필요합니다.

이때는 인내와 공감, 그리고 조건 없는 사랑이 필요합니다. 배우자의 방어적인 태도나 예민한 반응을 단순히 비난하거나 회피하기보다는, 그 이면에 숨겨진 불안과 두려움을 읽어주려 노력해야 합니다. "당신이 지금 많이 힘들고 불안하구나", "어릴 때 그런 경험을 해서 지금 이런 감정을 느끼는구나!"와 같이 배우자의 감정을 인정하고 이름을 붙여주는 것만으로도 상대방은 큰 위로와 안정감을 느낄 수 있습니다.

물론 이 모든 과정이 쉽지만은 않을 것입니다. 오랫동안 굳어진 생각의 틀과 감정의 패턴을 바꾸는 것은 많은 시간과 노력을 요구합니다. 때로는 부부 상담이나 개인 상담과 같은 전문가의 도움을 받는 것이 매우 효과적일 수 있습니다. 숙련된 상담사는 부부가 서로의 상처를 안전하게 드러내고 이해하며, 건강한 소통 방식을 배울 수 있도록 돕는 안내자 역할을 해줄 수 있습니다.

일주일에 한두 번 정해진 시간을 갖고, 각자 자신의 어린 시절 이야기를 솔직하게 나누는 시간을 갖습니다. 기억에 남는 좋았던 경험, 슬펐던 경험, 부모님과의 관계, 친구 관계 등을 그러면 배우자는 당신의 현재 모습이 어떻게 형성되었는지 더 깊이 이해하게 되고, 당신은 자신의 과거를 객관적으로 돌아보며 내면 아이의 상처나 결핍을 인식하게 됩니다. 상대방의 이야기를 들으면서 서로의 아픔에 공감하고 이해해 주며 연결감을 느낄 수 있도록 합니다.

상대방의 내면 아이가 힘들어하거나 불안해할 때, 또는 하루 일과를 마치고 집에 돌아왔을 때, 따뜻하게 서로를 안아주는 의식을 만들어 봅니다. 짧더라도 진심을 담아 서로를 안아주는 행위는 안정감과 소속감을 느끼게 해줍니다. 신체적인 접촉은 정서적인 안정감을 주는 강력한 방법이라고 생각합니다. 어린 시절 충분한 스킨십이나 따뜻한 돌봄을 받지 못했던 내면 아이에게 배우자의 따뜻한 포옹은 큰 위로와 치유가 되기도 합니다.

부부가 함께 새로운 취미를 시작하거나, 가본 적 없는 곳으로 여행을 가거나, 배우고 싶었던 것을 함께 배우는 등 긍정적인 경험들을 의도적으로 만들어 보는 겁니다.

새로운 경험을 통해 성취감을 느끼고 서로에게 또 다른 언어와 방식으로 긍정적인 자극을 주며, 함께 웃고 즐거워하는 과정에서 자연스럽게 친밀감과 유대감이 깊어집니다. 이는 과거의 부정적인 경험들에서 벗어나 현재에 집중하고 긍정적인 마음을 갖게 하는 데 도움이 됩니다.

각자 배우자의 강점, 당신이 배우자를 존경하는 점, 배우자에게 배우고 싶은 점 등을 적는 노트를 만들어서 생각날 때마다 꾸준히 적고, 가끔 서로에게 보여주거나 읽어주는 시간을 갖습니다. 상대방의 긍정적인 면에 집중하고 기록하는 과정 자체가 관계에 대한 만족도를 높이고, 배우자의 눈을 통해 자신의 좋은 점을 다시 보게 되면서 자존감 향상에 도움을 주게 되며 여기에 '용서 편지'도 함께 써보는 것도 너무나 유익합니다. 자신이나 배우자에게 상처를 준 과거의 인물(부모, 친구 등)이나 사건에 대해 용서하는 편지를 써봅니다. 말로 표현하기 어려운 마음의 감정을 혼자 써도 좋고, 서로 내용을 공유하며 감정을 나누는 것도 좋습니다. 직접 전달하지 않아도 괜찮습니다. 과거의 상처를 붙잡고 있는 내면 아이는 현재의 관계에도 영향을 미칩니다. 용서는 과거로부터 자유로워지고 내면 아이의 짐을 덜어내는 중요한 과정입니다. 배우자와 함께 이 과정을 겪으면서 서로에게 더 깊은 공감과 지지를 보낼 수 있게 됩니다.

만약 부부 스스로 노력하는 데 어려움을 느끼거나, 문제의 골이 깊다고 느껴진다면 전문 부부 상담사의 도움을 받는 것을 고려해봅니다. 상담사는 안전하고 중립적인 공간에서 부부가 서로의 감정을 건강하게 표현하고 소통하며, 문제의 근원을 파악하고 해결책을 찾도록 도와줍니다. 전문가의 개입은 내면 아이의 상처와 낮은 자존감으로 인한 관계 문제를 해결하는 데 매우 효과적인 방법이 될 수 있습니다.

심리 상담 센터 및 클리닉에서도 부부 상담이나 가족 치료를 전문으로 하는 심리 상담 센터에서 내면 아이 테라피를 부부

프로그램에 통합하여 제공하는 경우가 많습니다. 심리 전문가(상담 심리사, 임상 심리사 등)가 진행하며, 부부 각자의 내면아이 탐색과 상호작용 방식을 다룹니다. 치유 및 성장 관련 교육 기관은 개인의 심리적 성장이나 관계 개선을 위한 교육 프로그램을 운영하는 기관에서도 부부를 대상으로 내면 아이 치유 워크숍을 개설하기도 합니다. 심리학 기반의 다양한 치료 기법(예: 게슈탈트 치료, 애착 기반 치료 등)을 활용할 수 있습니다.

게슈탈트 치료는 쉽게 말해 '지금 여기(here and now)'에 집중하고 '전체'를 중요하게 생각하는 치료입니다. 우리의 경험은 생각, 감정, 신체 감각, 행동 등이 통합된 하나의 '게슈탈트(Gestalt: 독일어로 '형태', '전체'라는 뜻)'를 이룬다고 봅니다.

애착 기반 치료는 우리가 어린 시절 주 양육자와의 관계에서 형성한 '애착 유형'이 성인이 되어서도 대인 관계, 특히 친밀한 관계(부부 관계 등)에 지대한 영향을 미친다는 이론에 기반한 치료입니다.

내면아이의 상처는 시간이 흐른다고 저절로 사라지지 않습니다. 오히려 무심코 덮어두면 관계에서 반복적으로 드러나 상처를 키우기도 합니다. 그러나 우리가 마음을 열 수만 있다면, 서로의 아픔을 바라보며 진심으로 이해하려는 용기를 낼 수 있다면 그 상처가 아물어 서로를 더 깊이 이해하고 사랑하게 만드는 전환점이 됩니다.

부부는 세상에서 가장 가까운 사이이고 서로가 선택하여 한 몸을 이룬 한 가족이지만 끊임없이 서로를 이해하려고 노력해야 하고 사랑과 애정의 표현으로 서로에게 믿음과 신뢰를 주며 가깝고도 먼 관계라고 인식하여 최대한 예의를 지키며 관계를 유지해 나가야 할 것이며 세상의 그 어떤 비즈니스보다 최우선하여 노력하고 유지해 나가야 하는 과정이라고 생각합니다.

  지금 이 글을 읽고 계신 당신은 이미 그 첫걸음을 내디뎠습니다. 서로의 내면아이를 안아주고, 낮은 자존감을 따뜻한 존중으로 회복하는 부부의 여정을 깊이 응원합니다.

아내의 마음,
진정한 행복을 위한 남편의 배려

　많은 남편들은 종종 아내의 마음을 이해하기 어렵다고 말합니다. 물질적인 만족이나 눈에 보이는 배려로 아내의 사랑을 확인하려고 노력하지만, 여전히 아내의 표정 속에는 허전함이 남아 있는 것을 발견합니다. 그렇다면 아내들이 관계 안에서 진정으로 바라는 것은 무엇일까요?

　아내들이 원하는 것은 단순히 생활의 편의나 눈에 띄는 이벤트가 아닙니다. 관계의 본질적인 깊이, 즉 정서적 연결과 존재에 대한 존중입니다. 개인의 삶의 맥락에 따라 다양할 수 있지만, 많은 아내들이 공통적으로 중요하게 여기는 바람과 가치들이 존재합니다. 아내들은 자신의 감정이나 어려움이 무시되거나 해결의 대상으로만 여겨지는 것이 아니라, 진심으로 이해되고 공감받는 것을 원합니다. "그랬구나, 당신 힘들었겠다"와 같은 단순한 말 한마디도 아내에게는 큰 위로가 됩니다. 문제 해결보다 먼저 필요한 것은 마음을 함께 느껴주는 동반자입니다. 바쁜 일상 속에서도 서로의 감정을 공유하고, 함께 웃고 함께 슬퍼하며 감정을 나누는 시간은 아내에게 소중한 정서적 에너지가 됩니다. 육체적인 접촉도 중요하지만, 마음과 마음이 연결되는 경험이야말로 아내들이 관계에서 진정으로 추구하는 친밀감입니다. 집안일, 육아, 직장생활 등 보이지 않는 수고에 대해 "고마워", "수고 했어"라는 한 마디는 아내의 피로를 녹이고, 존재의 가치를 확인시켜주는 큰 위로가 됩니다. 아내는 자신의 헌신이 당연시되지 않기를 바랍니다. 육아나 가사뿐만 아니라 중요한 의사결정에도 함께 참여하고 존중받는 관계를 통해 아내는 삶의 동반자로서의 안정감을 느낍니다. 일방적인 지시나 기대가 아닌, 함께 가꾸는 관계 속에서 아내는 더욱 충만해집니다.

아내도 한 사람의 개인으로서 자신의 꿈과 욕구를 가지고 있습니다. 배우고 싶고, 성장하고 싶은 마음을 남편이 지지하고 응원해 줄 때, 관계는 단순한 동거를 넘어 서로를 북돋는 진정한 동행이 됩니다. 아내들이 결혼생활에서 중요하게 생각하는 핵심 가치가 있습니다.

정직, 약속, 신뢰는 관계의 가장 기본이자 핵심입니다. 남편을 믿을 수 있을 때 아내는 미래를 함께 꿈꿀 수 있습니다. 아내는 인격체로서 존중받기를 원합니다. 자신의 생각, 감정, 결정이 가치 있게 여겨질 때 자존감과 관계 만족도가 함께 올라갑니다. 변함없는 애정과 감정의 지지 속에서 아내는 자신이 소중히 여겨지고 있다고 느껴지게 됩니다. 이는 내면의 상처를 치유하고 관계의 뿌리를 깊게 만드는 토대가 됩니다. 솔직하고 열린 대화는 오해를 줄이고 서로를 더 잘 이해하게 만듭니다.

일방적 충고나 침묵이 아닌, 마음을 여는 소통이 필요합니다. 인생의 동반자로서 삶의 무게를 함께 나누는 동반자적 관계를 아내는 가장 이상적으로 여깁니다. 함께 고민하고, 함께 기뻐하며, 함께 성장하는 동반자가 되는 것. 그것이 아내가 바라는 진정한 부부 관계입니다.

결국 아내들이 가장 바라는 것은 함께 살아간다는 느낌, 감정적으로 연결되어 있다는 안정감, 그리고 자신의 존재가 존중받고 있다는 확신입니다. 그 어떤 화려한 선물이나 이벤트보다, "오늘 어땠어?", "요즘 무슨 고민이 있어?" 또는 요즘 힘든 일 있어?"라는 진심 어린 질문이 아내의 마음을 열 수 있습니다.

남편이 아내의 깊은 내면의 바람에 귀 기울이고 진심으로 다가갈 때, 부부 관계는 더욱 깊고 단단해질 것입니다. 그리고 그 안에서 자라나는 사랑은 온 가족의 행복으로 이어질 것입니다.

가족이란 이름,
사랑으로 하나 되는 삶의 공동체

'가족'이라는 단어를 들을 때, 우리는 각자 마음속에 떠오르는 이미지가 있습니다. 부모와 자녀, 형제자매처럼 혈연으로 맺어진 관계나, 결혼을 통한 법적 관계가 가장 먼저 떠오릅니다. 오랫동안 우리 사회에서 가족은 이 같은 틀 안에서만 정의되어 왔습니다.

하지만 시간이 흐르고 사회가 변화하면서, 가족의 형태와 의미는 점차 확장되어 가고 있습니다. 전통적인 핵가족을 넘어 1인 가구, 입양가족, 재혼가족, 비혼 동거가족, 그리고 반려동물과 함께하는 가족까지. 오늘날 가족은 더 이상 구성원 수나 형태, 물리적 공간으로만 규정할 수 없습니다.

진정한 가족은 서류나 혈연이 아닌, 마음과 마음의 연결로 정의될 수 있습니다. 서로를 조건 없이 지지하고, 기쁨과 슬픔을 나누며, 어려움 속에서도 함께 버티는 존재들. 혈연이 아니더라도 서로를 성장하게 하고 긍정적인 영향을 주는 관계라면, 이미 가족이라 부를 수 있습니다.

어린 시절의 가족 경험은 자존감과 내면 아이의 건강에도 큰 영향을 미칩니다. 서로의 감정을 존중하고, 솔직하게 소통하며 상처를 보듬는 가족은 우리에게 안정감과 회복력을 줍니다. 배우자와의 관계에서도 마찬가지입니다. 서로의 내면 아이를 이해하고 포용할 때, 더 깊은 신뢰와 사랑이 자라납니다.

가족은 특별한 사건보다는, 일상의 작은 순간들을 함께 누리는 경험으로 구성됩니다. 함께 식사하고, 여행을 떠나며, 소소한 이야기를 나누는 이 시간들이 모여 가족의 역사를 만듭니다·가족 간의 정서적 끈은 공유된 경험과 추억 속에서 더욱 단단해집니다.

미국생활을 하고 있는 지인의 따님 이야기처럼, 주일이면 예배를 마친 후 친척과 자녀 30여 명이 각자 음식을 1, 2가지씩 만들어 함께 모여 하룻저녁을 보내게 된다는 미국식 가족문화를 들으며 '함께하는 것 자체'가 가족의 의미임을 상기 시켜주었습니다. 갈수록 핵가족이 되어 이웃에 누가 사는지도 모르는 이 시대에 가족문화도 그러한 방향으로 변화되길 바라는 마음이 간절합니다.

가족이란 관계는 언제나 순탄하지만은 않습니다. 생각과 가치관의 차이로 갈등이 생기기도 하고, 때로는 깊은 상처를 주고받기도 합니다. 그러나 갈등을 회피하지 않고 마주하는 태도, 관계 회복을 위한 노력이야말로 가족의 의미를 더욱 깊게 만듭니다.

가족은 완벽한 관계가 아닙니다. 오히려 서로의 부족함을 보듬으며 함께 성장해 가는 과정이 바로 가족의 본질입니다.

오늘날 가족의 의미는 '선택한 관계'로까지 확장되고 있습니다.

어려움을 함께 이겨낸 친구, 꿈을 공유하는 동료, 정서적 유대를 나누는 멘토와 스승 등도 마음으로 연결된 가족이 될 수 있습니다.

중요한 것은 혈연이나 법적 관계의 유무가 아니라, 서로를 얼마나 깊이 이해하고 지지하느냐 입니다. 이제 가족은 관계의 '형태'가 아니라, 관계의 '질'로 정의되는 시대에 접어들었습니다.

가족 개념의 변화에는 다음과 같은 사회적 요인들이 숨어 있습니다. 개인주의 가치의 확산이 자아실현과 행복을 중시하는 흐름 속에서, 가족 또한 개인의 선택과 필요에 따라 구성됩니다.
여성의 역할 변화 및 경제적 자립이 결혼과 출산이 선택지가 되면서, 새로운 형태의 가족과 공동체가 형성되고 있습니다.

문화 다양성과 포용성 증가로 다양한 가족 형태(비혼, 재혼, 동성 커플 등)를 인정하는 사회 분위기가 자리 잡고 있습니다. 경제적 요인과 주거 형태의 변화로 1인 가구와 쉐어하우스의 확산은 전통적 가족 구조와 구분되는 삶의 방식을 만들어내고 있습니다.

디지털 소통의 발달로 물리적 거리와 상관없이 정서적으로 연결되는 관계가 가능해지며, '가족 같은 존재'가 많아졌습니다. 이혼 및 재혼의 증가로 복합적 가족 구성의 등장은 '가족이란 무엇인가'에 대한 질문을 확장시켰습니다.

가족의 의미는 이제 정서적 연결, 지지, 사랑, 공동의 성장이라는 가치 속에서 다시 정의되고 있습니다. 사랑하고 이해하며 함께 추억을 만들어 가는 관계. 그것이 바로 진정한 가족입니다. 이러한 시선은 유아교육에서도 매우 중요합니다. 아이들이 다양한 가족 형태를 자연스럽게 이해하고 받아들이며, 가족은 따뜻함과 연결을 중심으로 한 공동체임을 배우게 하는 것이 필요합니다.

가족은 결국, 사랑과 이해, 성장이 끊임없이 피어나는 아름다운 정원입니다. 그 정원을 어떻게 가꾸느냐에 따라, 아이의 삶도 풍요롭게 피어나게 될 것입니다.

원에서도 아이들만이 중심이 아니라 가족 중심으로 양육이 이루어지도록 가족 초청 효잔치 또는 가족 체육대회 등을 준비하여 온 가족 모두가 참여할 수 있는 모임의 장을 만들어주기도 합니다. 이럴 때 외가 친가 조부모님은 물론 삼촌 이모 그리고 형제들까지 모두 한자리에 모여 부분별로 게임을 3, 4가지 정도 진행해 주기도 합니다.

부부 게임에 있어서도 어려움을 같이 이겨 나갈 수 있는 타이타닉 같은 어려운 과제를 주어 엄마, 아빠의 사랑을 다시 확인하며 최선을 다하는 모습을 자녀들에게 보여주기도 합니다. 가을소풍 같은 경우에도 가족을 함께 초청하여 자유롭게 즐기고 놀 수 있는 기회를 만들어 줍니다. 한 아이를 키우려면 온 동네가 필요하다는 말이 있듯이 우리 자녀를 키우는데 온 가족이 모두 힘을 합하여 참여하고 격려해 준다면 우리 자녀들 마음 가운데 가족이란 개념이 좋은 추억으로 남겨질 것이라 생각됩니다.

부부의 사랑,
가족의 미래를 꽃피우는 힘

　결혼은 단순히 두 사람이 법적으로 하나가 되는 것을 넘어서 한 사람과 인생의 긴 여정을 함께 걸어가기로 결정한 순간입니다. 우리는 '법적인 배우자' 이상의, 삶의 가장 깊은 동반자를 맞이하게 되는 것입니다. 진정한 결혼은 함께 살아가고 책임을 나누는 것을 넘어서, 서로의 삶을 풍요롭게 하고 함께 성장하는 아름다운 여정입니다. 이 여정 속에서 '배우자를 인생의 진정한 동반자로 세우는 일'은 부부 관계를 더욱 깊고 의미 있게 만드는 소중한 출발점이 됩니다.

　배우자를 인생의 동반자로 세운다는 것은 서로의 자존감을 건강하게 지지하는 관계를 만든다는 것입니다. 남편이 아내의 의견을 경청하고, 중요한 결정에 함께하며, 성장과 도전을 응원할 때, 아내는 자신감과 안정감을 얻게 됩니다. 반대로 아내가 남편의 꿈을 지지하고 노력하는 모습에 존중을 표할 때, 남편은 자신의 역량을 자유롭게 펼치고 가정 안에서 정서적인 안정감을 얻게 되는 것 같습니다. 서로가 서로를 지지하는 관계는, 부부 각자의 존재를 귀하게 여기게 만들고 삶을 더욱 의미 있게 채워주기도 합니다. 저도 남편을 제 삶에서 가장 중심이고 든든한 동반자라고 생각하고 있습니다.

그런데 모든 부부 관계가 언제나 평온한 것은 아닙니다. 갈등과 마찰은 피할 수는 없지만, 그 과정을 통해 서로의 취약함을 이해하고, 감정을 나누며, 신뢰를 회복할 수 있다면, 관계는 더욱 단단해질 수 있습니다. 부부는 법적으로도 무촌(無寸)이라고 하며, 세상에서 가장 가까운 관계입니다. 형제보다, 부모보다, 더욱 밀접한 인연입니다. 하지만 그만큼 갈등도 치열하게 나타날 수 있습니다. 부부가 서로의 감정을 정직하게 나누며, 비난보다 공감으로, 침묵보다 경청으로 다가갈 수 있을 때, 결혼생활은 깊은 친밀감 속에서 회복력을 갖게 됩니다.

한 번은 제가 남편에게 이렇게 말한 적이 있습니다." 내가 혹시 누군가에게 상처를 주거나 잘못을 저질렀을 때, 당신만은 '우리 아내는 그럴 수밖에 없었을 거야'라고 이해해 주었으면 좋겠다."라고 말한 적이 있었습니다. 그때 남편은 아무 말 없이 조용히 고개를 끄덕였고, 그 순간 저는 보호받는 듯한 평안함과 사랑을 느꼈습니다.

부부가 '하나의 팀'이 될 때, 외부의 영향에도 흔들리지 않고 우리 가족만의 색깔과 문화를 만들어갈 수 있습니다. 이는 자녀에게 가장 좋은 정서적 모델이 되기도 합니다. 건강한 부부 관계는 자녀에게 안정감을 심어주고, 관계의 본이 되어야 한다고 생각합니다. 우리는 부모에게도, 자녀에게도 쉽게 나눌 수 없는 깊은 이야기를 배우자에게 나눌 수 있어야 합니다. 그런 신뢰의 공간이 있을 때, 부부는 서로의 '가장 친한 친구'이자, 인생을 함께 만들어가는 동반자가 됩니다.

  남편을 인생의 동반자로 세우기 위한 구체적인 방법을 생각해 보았습니다. 배우자를 '당연한 존재'가 아닌 '인생의 동반자'로 인식해야 합니다. 남편을 당연한 존재나 책임의 수행자로만 여기지 않고, 나와 삶을 함께하는 친구이자 동반자로 바라보는 인식의 변화가 필요합니다. 서로의 어린 시절 상처와 취약함을 숨기지 않고 나누며, 서로를 보듬어줄 수 있어야 합니다. 진정한 친밀감은 '있는 그대로의 나'를 받아주는 사람을 통해 형성됩니다. 남편이 새로운 도전을 시작할 때 진심으로 응원해 주는 것, 그 시간을 존중하고 공간을 허락해 주는 것 역시 사랑의 실천입니다. 저 또한 글을 쓰고 원을 운영하는 과정에서 남편의 지지와 이해가 있었기에 가능한 일이었습니다.

  일상의 익숙함을 깨고 함께 여행을 떠나거나, 책을 읽고 토론하거나, 새로운 활동을 함께 하면서 관계의 활력을 불어넣는 경험도 중요합니다. 갈등을 피할 수 없다면, 그것을 성장의 기회로 전환해야 합니다. 감정적으로 대응하기보다, 왜 그렇게 느끼는지를 서로 묻고 이해하려는 태도는 깊은 신뢰로 이어집니다. 일상 속의 사소한 배려에도 "고마워", "잘했어", "당신이 있어서 든든해" 같은 따뜻한 피드백은 서로의 존재를 인정해 주는 큰 힘이 됩니다. 우리 남편은 조용한 성격이라 갈등이 있어도 드러내지 않지만, 때론 서운함을 표현하지 않아 오히려 아쉬움을 남기기도 합니다. 그런 부분도 서로가 이해하며, 함께 다듬어가는 과정이 필요하다는 것을 배워가고 있습니다.

5년 전, 제 삶의 가장 큰 기둥이셨던 어머니께서 췌장암으로 갑작스럽게 세상을 떠나셨습니다. 어머니는 아버지가 뇌졸중으로 쓰러지신 후, 무려 15년간 묵묵히 곁을 지키시며 마지막 순간까지도 아버지를 보살피셨습니다. 그 모습은 저에게 '진정한 동반자란 무엇인가'에 대해 다시금 깊이 생각하게 했습니다. 어머니가 위급하여 새벽에 병원으로 이송되면서 아버지는 그날 갑작스레 요양원으로 가시게 되었고, 그날 밤 11시, 어머니는 그렇게 세상을 떠나셨습니다. 이후 아버지는 5년여 동안 요양원을 전전하시며 생을 마감할 때까지 그토록 그리워하시던 고향집에 다시는 가보지 못한채, 결국 어머니 곁으로 가셨습니다.

그때 가슴 깊이 깨달았습니다. 세상에서 가장 가까운 사람, 바로 부부가 함께하고 있는 시간, 그 자체가 인생에서 가장 소중하고 귀한 선물이라는 사실을요. 옛말에 "열 명의 효자보다 누워서라도 곁에 있는 남편 하나가 낫다"는 말이 떠오른 것도 바로 그 순간이었습니다. 진정한 동반자는 삶의 가장 힘든 순간에도, 그리고 삶의 끝자락까지도 묵묵히 곁을 지키며 서로를 보듬어주는 관계라는 것을요.

건강한 부부 관계는 단지 두 사람만의 일이 아닙니다. 그 사랑과 존중, 지지는 가족 전체의 정서적 기반이 되고, 자녀들에게 모든 인간관계의 출발점이 됩니다. 부부는 서로의 가장 친한 친구가 되어, 같은 방향을 바라보고, 같은 속도로 걸어갈 수 있어야 합니다. 서로를 이해하고 지지하며, 감사와 존중을 표현하는 따뜻한 관계 속에서 가족은 진정한 의미를 발견하게 됩니다. 부부의 사랑, 그것이 바로 가족의 미래를 세우는 가장 강력한 힘입니다.

100세 시대,
부부가 함께 걸어갈 천성

우리는 결혼식에서 사랑하는 사람과 가정을 이루며 "검은 머리가 파뿌리 되도록 평생 함께하자"는 소중한 약속을 나눕니다. 하지만 이제 그 '평생'의 길이는 과거와는 비교할 수 없을 정도로 길어졌습니다. 100세 시대는 더 이상 먼 미래의 이야기가 아닌, 우리 눈앞에 펼쳐진 현실이 되었고, 이에 따라 부부 관계에도 깊이 있는 변화와 준비가 필요하게 되었습니다.

자녀들이 성장하여 독립하고, 직장생활에서도 은퇴한 후, 부부는 남은 수십 년의 시간을 오롯이 둘이서 함께 채워나가야 합니다. 이 길고 새로운 여정을 어떻게 하면 의미 있고 행복하게 보낼 수 있을지에 대한 고민은 이제 선택이 아닌 필수가 되었습니다. 지금 우리는 배우자를 진정으로 인생의 동반자로 삼아 100세 시대를 함께 걸어갈 준비가 되어 있는지, 우리 스스로에게 따뜻하게 물어볼 때입니다.

사람은 수십 년의 시간 동안 끊임없이 변화합니다. 외적인 노화는 물론, 가치관이나 관심사, 성격에도 변화가 생깁니다. 은퇴 후 남편의 역할이나 일상이 달라지면서 낯선 모습을 보일 수도 있습니다. 이를 이상하게 여기기보다 자연스러운 과정으로 받아들이고, 그의 변화에 귀 기울이며 새로운 삶의 방식에 적응할 수 있도록 마음을 열어야 합니다.

마찬가지로 나 자신도 변화합니다. 나의 새로운 관심사나 감정의 변화를 솔직하게 남편에게 나누고 이해를 구하는 것이 중요합니다. 변화는 상호 이해와 공감을 통해 함께 걸어가야 할 여정입니다.

은퇴 후 늘어난 시간은 함께 있는 시간도, 대화할 수 있는 기회도 많아졌다는 뜻입니다. 그러나 단순한 일상 대화로는 긴 시간을 의미 있게 채울 수 없습니다. 서로의 내면, 감정, 두려움, 여전히 간직하고 있는 꿈에 대해 나누는 깊이 있는 소통이 필요합니다.

남편이 속마음을 편안하게 이야기할 수 있도록 경청하고, 나의 진심을 잘 전달하려는 노력이 부부 관계를 더욱 풍요롭게 합니다. 침묵 속의 편안함도 중요하지만, 적극적인 대화를 통해 정신적 세계를 공유하는 것이 동반자로서의 핵심입니다.

오랜 부부 생활 중 갈등은 피할 수 없습니다. 은퇴 후 함께 있는 시간이 많아지면 사소한 차이도 크게 다가올 수 있습니다. 과거의 감정이 다시 떠오르기도 합니다. 이럴 때 중요한 것은 문제를 덮지 않고 솔직하게 마주하는 태도입니다.

서로의 입장을 경청하며 본질을 이해하려는 노력이 필요합니다. 과거의 상처에 묶여 있기보다, 현재를 위한 용서와 화해를 통해 더 나은 미래를 그려 나가야 합니다. 100세 시대를 함께 하기 위해서는 재정적 안정과 건강한 신체가 필수입니다. 은퇴 이후의 삶을 계획하며, 장기적인 재정 계획과 건강관리를 함께 실천해야 합니다.

산책이나 가벼운 스트레칭 그리고 관절을 위해 수영 등을 규칙적으로 부부가 함께하면 좋습니다. 또한 건강한 식습관을 유지하며 가공식품보다는 신선한 식재료를 이용하여 식단을 구성하고 부부가 함께 요리하며 대화도 나누며 함께 건강을 챙겨주는 것도 유익합니다.

그리고 정기적인 건강검진과 전문의 상담을 통하여 미리 건강을 챙기고 지키는 것이 중요합니다.

충분한 수면과 휴식을 하여서 면역력을 회복하고 충분한 숙면을 위한 환경을 위해 TV를 틀고 자거나, 잠자다 스마트폰을 보지 않고 일정한 시간을 지키며 생활 리듬을 가져야 합니다.

스트레스 관리와 긍정적인 마음 유지를 위해 함께 명상하고 음악을 들으며 자연을 산책하는 등으로 감정을 나누고 해소하는 시간을 마련합니다.

인지건강 즉 치매에 걸리지 않기 위해서는 책 읽기, 보드게임, 외국어 학습, 주간보호센터 등을 이용하는 등으로 뇌를 자극하여 치매로부터 보호를 받아야 합니다.

사회적 관계를 유지하기 위해서는 동호회나 동창모임 또는 지역 모임 등에서 활발히 교류하고 친구나 가족과의 관계에도 지속적으로 유지하고 활동하면 좋습니다.

부부가 함께 즐길 수 있는 취미나 활동을 찾는 것도 중요하지만, 각자 개인적인 시간을 보내는 것도 필요합니다. 서로의 사생활과 자율성을 존중할 때, 관계는 더욱 성숙해지고 건강해집니다. 서로에 대한 의존도는 줄이고, 자율성을 지지함으로써 개인의 삶의 질을 높이고 부부 관계에도 긍정적인 영향을 줍니다.

부부는 서로가 너무 사랑하고 세상에서 가장 가깝고 의지할 대상이지만 언젠가는 헤어져야 한다는 생각과 마음가짐도 가져야 합니다.

함께 여행을 떠나 둘만의 시간을 가져보기 위해 준비해야 하는 것들과 부족한 것들을 알아보고 챙겨보는 과정을 연습해 보는 것도 중요하며 또한 여행지에서도 어떻게 생활해야 하는지에 대해서도 계획하고 준비하는 것 등에는 어떤 것들이 있는지 시도해 보는 것도 중요합니다.

그리고 상대를 혼자만의 여행에 떠나보내 놓고 혼자 집에 남았을 때 어떻게 지내며 무엇을 기본적으로 해야 할지를 연습해 보고 습득해 놓는 것도 중요합니다.

그렇게 준비해 보면서 서로에게 남아 있는 시간을 소중하게 생각하는 계기로 만들어 볼 수 있습니다. 그러면 그동안 함께 해온 상대에게 감사함과 애틋함을 느껴보고 표현해 보는 계기가 될 수도 있을 것입니다.

내일 일을 계획하여도 막상 알 수 없기에 오늘을 소중히 여기며 서로에게 감사함과 필요성을 못 느낄 수도 있으나 혼자의 시간을 갖다 보면 허전함과 감사함이 서로에게 느껴질 것입니다.

함께 귀한 시간을 상대의 마음과 입장에서 사랑과 애정의 표현과 감사하는 귀한 언어들을 표현해 볼 때 소중한 삶의 마무리가 되리라고 생각 합니다. 모두 건강하게 부부가 함께 편안하게 갈 수 있는 마음의 결심과 기도를 하겠습니다.

아이들과 함께 걸어온
32년 여행길

    그동안, 어린이집이라는 이름의 작은 배에 올라 수많은 어린 생명들과 함께 망망대해를 항해해 왔습니다. 아침마다 두 손을 꼭 잡고 등원하는 아이들의 따스한 온기, 점심시간 종알거리며 밥을 먹는 소리, 낮잠 시간의 새근거리는 숨소리, 오후 햇살 아래 뛰노는 재잘거림까지. 이 모든 순간들이 제게는 세상 가장 아름다운 음악이자 풍경이었습니다. 이 여정을 돌아보며 저는 한 치의 망설임도 없이 고백합니다. 이 시간이 제 삶의 가장 귀한 부분이었으며, 이 모든 것은 위에서 부어주신 하나님의 은혜이자 '소중한 사역'이었다 라고요. 단순히 아이들을 돌보고 가르치는 곳이 아닌, 하나님께서 제게 맡겨주신 영혼들을 사랑으로 섬기는 거룩한 부르심이었습니다. 이 책에는 그동안 원의 운영을 통해 제가 배우고 느끼고 경험한 모든 것들, 즉 기쁨, 슬픔, 어려움, 극복, 그리고 그 모든 과정 속에서 역사하신 하나님의 놀라운 이야기들이 담겨있습니다.

    어린 시절부터 아이들을 유난히 좋아했고, 그 아이들이 밝고 건강하게 자라나는 모습을 볼 때 가장 큰 행복을 느꼈습니다.

유아교육을 시작하며 아이들의 가능성과 중요성에 대해 깊이 깨달았고, 제가 가진 작은 능력으로 다음 세대를 섬기고 싶다는 소망을 품게 되었습니다. 하지만 현실은 녹록지 않았습니다. 준비 과정의 막막함, 주변의 염려와 만류 속에서도 저는 포기하지 않았습니다.

1994년 11월 추위가 시작되는 어느 날 3층 건물의 30여 평 되는 작은 공간, 온기라고는 전혀 없는 한 귀퉁이 작은 방에서 우리 4살 딸아이와 세 식구는 서로 껴안고 겨울을 맞이하게 되었습니다. 한 달여쯤 지난 12월 말경 그 사실을 알게 된 친정어머니께서 전기담요를 주셔서 그것을 가져다 깔고 누웠을 때 '세상이 이렇게 따뜻하기도 하구나'라는 것을 느끼며 지냈습니다. 낮에는 10여 명의 아이들과 함께 사역의 첫걸음을 떼게 되었습니다. 그렇게 시작한 지 어느덧 30여 년의 시간을 보내며 감사함과 감동이 저를 여기까지 이끌어 오게 되었습니다.

원 운영을 사역이라 부르는 이유는, 이 일이 단순히 '보육'이나 '교육'이라는 기능적인 역할을 넘어선다고 믿기 때문입니다. 이곳은 아이들의 전인적인 성장을 돕는 곳이며, 그 과정 속에 아이들의 미래를 이끌어주는 소중한 일이라 생각 합니다. 아이들에게 친절과 배려를 가르치고, 나누고 협력하는 기쁨을 알려주며, 자신과 타인의 감정을 이해하고 표현하는 법을 배우게 하는 것은 모두 하나님께서 우리에게 바라시는 모습입니다. 또한, 교육기관은 아이들만의 공간이 아닙니다. 부모님들과 소통하며 육아의 어려움을 함께 나누고 격려하며, 때로는 서로를 지지했던 시간들 역시 이 사역의 중요한 부분이었습니다. 원은 아이와 부모, 그리고 교사도 함께 성장하는 공동체입니다.

그동안 긴 시간 속에는 눈물 없이 이야기할 수 없는 수많은 어려움들이 있었습니다. 예측 불가능한 안전사고의 위험, 급변하는 교육 정책과 행정적인 부담, 다양한 양육관을 가진 부모님들과의 소통의 어려움, 그리고 때로는 인간적인 관계 속에서의 상처와 오해…. 그리고 거기에 경제적인 어려움까지, 이 모든 것들이 제 마음을 짓누르고 '더 이상 버티기 힘들다'라고 속삭이는 순간들이 있었습니다.

그럴 때마다 지난달에도 함께 하셨던 하나님이 오늘도 함께 해주실 것이라고 기도하였고 그때마다 단 한 번도 저를 홀로 두지 않으셨습니다. 제가 쓰러질 때마다 강한 손으로 붙잡아 주셨고, 희망의 빛을 보여주셨습니다. 아이들의 순수한 눈빛에서 새 힘을 얻게 되고, 졸업한 아이가 훌륭하게 자랐다는 소식을 들으며 큰 보람을 느꼈습니다. '원장님, 사랑해요!'라며 달려와 품에 안기는 아이들과 10년 전 어느 스승의 날 저를 이렇게 잘 자라게 해 주셔서 감사하다는 편지를 써서 대문에 끼워놓고 간 편지를 보았을 때 눈시울이 뜨거웠고 졸업생 부모님께서 '이화예능 덕분에 아이가 이렇게 밝게 잘 자랐어요' 라며 감사 인사를 전하는 부모님들의 모습 속에서 저는 이 일을 계속할 이유와 기쁨을 발견했습니다.

그동안의 원 운영은 제게 세상의 어떤 책보다 값진 가르침을 주었습니다. 아이들은 어른들이 생각하는 것 이상으로 많은 것을 배우고 느끼며, 사랑과 관심 속에서 가장 잘 자란다는 것을 몸소 체험했습니다. 획일적인 교육방식보다는 다양한 체험으로 각자의 개성과 잠재력을 인정하고 존중해주는 것이 얼마나 중요한지를 배웠습니다. 부모님들과의 열린 소통과 신뢰 관계가 아이에게 미치는 긍정적인 영향의 크기를 실감했습니다. 또한, 사역은 혼자 힘으로 하는 것이 아니라 동료 교사들과 힘을 합하고 서로를 격려하며 함께 나아가는 것임을 깨달았습니다. 리더로서 책임감의 무게를 느끼면서도, 가장 좋은 길을 찾을 수 있음을 배웠습니다. 이 모든 배움은 제 삶의 깊이를 더해주고, 언제나 겸손하고 지혜로운 사람으로 변화하도록 이끌어 주었습니다.

그동안 수천 명의 작은 발자국으로 가득했습니다. 엉금엉금 기어오던 아기들이 씩씩하게 뛰어가고, '엄마' '아빠' 다음으로 '선생님'을 부르던 아이들이 이제는 사회의 한 구성원으로 살아가고 있습니다. 그 아이들의 어린 시절 한 조각을 제 삶과 공유할 수 있었다는 것은 제게 말할 수 없는 축복입니다. 가을 운동회에서 온 가족이 함께 넘어지고 웃었던 추억, 재롱잔치 발표회 무대 뒤에서 작은 손을 잡아주던 순간, 졸업식 날 아쉬운 눈빛으로 서로를 바라보며 눈물 흘리던 모습까지…. 그 아이들의 순수함과 성장은 제 사역의 가장 큰 열매입니다. 또한, 아이들 덕분에 맺게 된 부모님들과의 인연 역시 제 삶을 풍요롭게 해주었습니다. 함께 아이를 키우는 동반자로서 서로의 어려움을 나누고 응원하며, 때로는 친구처럼, 때로는 가족처럼 가까이 지냈던 학부모님들이 계셨기에 외롭지 않게 이 길을 걸어올 수 있었습니다. 그 모든 분들께 진심으로 감사 인사를 전하고 싶습니다.

하나님께 드리는 감사의 고백

32년이라는 긴 터널을 지나, 이제 저는 잠시 숨을 고르고 뒤를 돌아봅니다. 힘들고 눈물 흘렸던 시간들도 많았지만, 그 모든 과정 속에서 하나님의 살아계심을 체험했습니다. 저를 사용하여 어린 영혼들을 돌보게 하신 하나님께 모든 감사와 영광을 드립니다.

이 책을 통해 제가 걸어온 사역의 발자취가 누군가에게는 작은 격려가 되고, 또 다른 누군가에게는 따뜻한 위로와 실제적인 도움이 되기를 바랍니다.

앞으로 제 삶이 어떤 방향으로 흘러가든, 저는 주님이 맡기신 그날까지, 소명을 잘 깨달아 아이들을 향한 사랑과 믿음을 품고 기쁘게, 감사함으로 이 길을 걸어갈 것입니다.

선장으로서 늘 배우며 함께 하면서 아이들의 꿈이 이루어지도록 힘쓰고 부모님 또한 아이 키우는 보람을 느끼도록 돕겠습니다.

언제나 동행해 주시는 하나님께 감사드립니다.

[에필로그]

  이 책의 마지막 장을 덮으며, 저는 지난 32년간 아이들과 부모님들을 만나며 쌓아온 소중한 시간들을 다시 한번 되짚어 봅니다. 아이를 키우는 일은 때로는 폭풍우를 만나기도 하고, 때로는 따스한 햇살 아래서 아름다운 꽃을 피워내는 것과 같이 경이로운 여정임을 이 책을 통해 함께 나누고자 했습니다. 이 작은 책이 부모님들의 마음에 한 줄기 따뜻한 빛이 되어, 아이와의 관계 속에서 진정한 행복을 발견하는 데 도움이 되기를 간절히 소망합니다.

  아이들은 부모라는 이름의 가장 든든한 뿌리 위에서 자라나는 세상의 모든 가능성입니다. 인공지능 시대의 물결 속에서도 변치 않는 것은 바로 부모님의 따뜻한 사랑과 지혜, 그리고 아이를 향한 헌신적인 마음이라는 것을 저는 확신합니다. 특히, 부부의 사랑이 단단할 때 아이는 가장 견고한 울타리 안에서 자유롭게 꿈을 펼칠 수 있음을 기억해 주십시오. 부모님 스스로의 자존감을 높이고 서로를 존중하는 대화 속에서, 아이는 사랑과 배려를 자연스럽게 배우며 건강하게 성장할 것입니다.

  육아는 매 순간 선택과 고민의 연속이지만, 부모님은 이미 아이에게 가장 훌륭한 선생이자 인생의 동반자입니다. 때로는 시행착오를 겪고, 때로는 넘어질 수도 있지만, 중요한 것은 '포기하지 않는다면 성공은 온다'는 믿음으로 아이의 눈높이에서 함께 걸어가는 것입니다. 아이의 작은 손을 잡고 함께 배우고 성장하는 이 모든 과정이 바로 부모님과 아이 모두에게 주어지는 가장 큰 선물임을 잊지 마세요.

이 책이 세상의 빛을 보기까지 저의 곁에서 늘 한결같은 사랑과 지지를 보내준 학부모께 감사드리며, 부족한 저를 늘 기도로 밀어주고 이끌어 주신 한민교회 이용선 목사님과 교우 여러분들에게도 진심으로 감사드립니다. 아이들의 꿈을 함께 키우고 성장시키는데 큰 사명을 갖고 내 일처럼 열심히 함께해준 모든 교직원 여러분의 헌신과 열정에도 깊은 감사를 전합니다. 이 모든 것이 하나님의 은혜와 축복임을 고백합니다.

부모님과 아이가 함께 만들어갈 미래가 사랑과 지혜로 가득하기를 바라며, 저는 앞으로도 이 땅의 모든 아이들이 행복한 세상을 꿈꿀 수 있도록 유아교육의 길에서 끊임없이 배우고 나누겠습니다. 부모님들의 가정에 늘 사랑과 행복이 가득하시기를 기원합니다.

윤은주